토기장이

"우리는 진흙이요 주는 토기장이시니
우리는 다 주의 손으로 지으신 것이라"(이사야 64:8)

믿음은 가정에서 시작된다

Faith Begins at Home

Copyright ⓒ 2007 by Mark Holmen
All rights reserved.

Korean translation copyright ⓒ 2015 by Togijangi Publishing House
Togijangi B/D 3F, 26 Mangwonro, Mapogu, Seoul 04007, Korea

This Korean edition is published by the permission of Bethany House Publishers,
a division of Baker Publishing Group, Grand Rapid Michigan

본 저작물의 한국어판 저작권은 Bethany House Publishers와의 독점 계약으로 한국
어 판권을 '도서출판 토기장이'가 소유합니다. 저작권법에 의하여 한국 내에서 보호
를 받는 저작물이므로 무단 전재와 무단 복제를 금합니다.

특별한 표기가 없는 모든 성경 구절은 개역개정성경을 인용한 것입니다.

신앙을 세우는 자녀양육
믿음은 가정에서 시작된다

마크 홀맨 지음 · 김진선 옮김

도서출판 토기장이

추천의 글

성경적인 이론 위에 적용 가능한
현장의 스토리를 탁월하게 담아낸 책!

　너무 이론적인 책은 딱딱하기 쉽고, 반면에 경험위주의 책은 한계가 있기 마련인데 「믿음은 가정에서 시작된다」는 아주 균형 잡힌 책이다. 저자는 이 책에서 성경적인 이론 위에 적용 가능한 현장의 스토리를 탁월하게 담아내었다. 빨리 책을 덮고 자녀들과 함께 저자의 제안들을 실천해 보고 싶게 만들 정도의 책이다!

　부모가 자녀의 신앙교육에 있어서 얼마나 중요한 존재인지는 논할 필요가 없겠다. 그 당위성은 잘 알지만 '어떻게'가 늘 고민이다. 이런 고민을 하고 있는 부모들이라면 이 책을 통해 자녀들의 신앙교육에 유익한 정보를 얻을 수 있을 것이다. 저자가 제안하는 '믿음이 성장하는 가족활동'들을 가정에서 실제로 자녀들과 해본다면 구체적인 변화들을 보게 될 것을 확신한다. 그리고 회복될 가정의 모습들을 상상하니 행복해진다.

'꿈이 있는 미래' 사역은 오륜교회의 중요한 사역 중에 하나이다. 다음 세대를 위한 교회교육은 너무도 중요하기 때문이다. 그래서 더 기쁜 마음으로 이 책을 추천한다.

김은호_오륜교회 담임목사

자녀의 신앙교육에
구체적으로 적용할 수 있는 책!

「믿음은 가정에서 시작된다」의 추천글을 의뢰받고 원고를 읽는데 사진 한 장이 떠올랐다.

잠에서 깨어나서도 잠자리에 그대로 엎드려 성경을 보고 있는 어린 아들의 모습이다. 글씨를 못 읽는 4살 아들은 성경을 거꾸로 들고 있었다. 그러면서도 손가락으로 글자를 짚어가며 읽는 시늉을 한다. 그 모습이 너무나 귀여워서 나는 셔터를 눌렀다. 그리고 지금까지 그 사진을 간직하고 있다.

눈 뜨자마자 왜 성경책부터 펴느냐는 아빠의 질문에 아들은 이렇게 대답했다.

"엄마, 아빠도 아침에 일어나면 맨 먼저 성경을 읽잖아요."

맞다. 믿음은 이렇게 가정에서 시작된다. 부모가 이른 아침 성경을 펴면 자녀는 그것을 따라한다. 부모가 손을 모아 기도하면 자녀도 두 손을 모으고 기도한다. 믿음을 표현하는 형식만이 아니라 예수님을 믿고 따르는 마음과 행동도 자녀는 부모를 닮아간다. 이웃을 존중하는 엄마의 태도는 이웃을 소중히 여기는 자녀를 만든다. 법과 질서를 잘 지키는 아빠를 보며 자녀들은 훌륭한 시민으로 자라간다. 그렇게 아이들은 예수님이 세상과 사람을 대하셨던 태도를 부모를 통해 배우며 성장한다. 그렇게 믿음은 가정에서 시작되는 것이다.

이처럼 많은 부모들이 자녀들에게 '예수님을 믿는 믿음'을 가정에서부터 심어주길 바란다. 마크 홀맨의 「믿음은 가정에서 시작된다」가 이 소망을 이룰 수 있도록 부모들을 도울 것이라는 확신이 든다.

부모와 자녀가 함께 할 수 있는 재미있고 유익한 활동들이 각 채프터마다 들어 있다. 그리고 믿음을 흔드는 요즘 세상에서 가족들이 끝까지 방향을 잃지 않도록 가족 사명 선언문 만드는 법도 들어 있다. 부모가 자녀들의 믿음을 견고하게 세워줄 수 있도록 돕는 다양한 방법을 성경적 지혜에 담아 친절하게 안내하고 있다. 역기능 가정들도 믿음의 가정으로 회복되어 갈 수 있도록 돕고 이끌어 준다. 이 책의 지침들을 독자분들이 성실하게 적용하면 반드시 믿음의 가정을 견고하게 세우게 될 것을 믿는다. 그래서 나는 이 책을 기쁘게 추천한다.

박현숙 「하나님 아이로 키워라」 저자

사탄의 공격목표,
가정과 교회를 지키라!

이 시대에 사탄의 공격목표는 아주 명확하다. 바로 가정과 교회이다. 가정과 교회는 하나님께서 설계하신 신적기관(Divine Institution)이기에 사탄은 끊임없이 우는 사자처럼 가정과 교회, 두 곳을 넘나들며 위협한다.

사탄의 공격에 우리는 어떻게 맞설 것인가? 저자는 매우 명확한 영적 진단과 구체적 사례를 통한 실제적인 적용으로 우리에게 적절한 대안을 제시하고 있다. 저자가 제시하는 주제들은 탁월한 통찰력과 설득력을 갖고 있으며, 청소년 사역자답게 그에 따른 예화나 경험들도 생생한 감동과 도전을 주기에 충분하다.

이 책은 자녀들의 신앙교육만을 위한 것이 아니다. 결국 가정이 변화되고, 가정이 교회와 상생해가며 아름다운 주님의 몸을 이룰 수 있는 놀라운 결과를 가져다 줄 것이라 확신한다.

자녀들의 올바른 신앙교육은 모든 크리스천 부모들의 한결같은 소망이자, 다음 세대를 준비하는 모든 교회의 절박한 기도제목이기도 하다. 그래서 이 책을 통해 행복한 가정, 건강한 교회가 바르게 세워지길 기대하며 기쁜 마음으로 추천한다.

안광복_청주상당교회 담임목사

미국에서 가장 효과적인 사역으로 꼽히는
마크 홀맨의 최신판 자녀 양육서!

성경적 관점에서 자녀 양육에 대한 책을 저술한 사람이 마크 홀맨이 처음은 아니다. 구글을 검색해 보면 오늘날 이 주제로 출간되어 나온 책만 해도 무려 150,000권이 넘는다. 이런 상황에서 굳이 유사한 아류작을 쓰겠다고 나무를 베고 숲을 해칠 필요가 있겠는가?

마크 홀맨의 책이라면 나는 단연코 '그렇다'고 대답하고 싶다. 무엇보다 먼저, 오랫동안 그를 지켜보았기에 이제 하나님의 사람으로, 성경 교사로, 친구로서 그에 대한 전폭적인 신뢰가 자리 잡았다. 열정과 전문 지식을 지닌 분야에서 그가 꼭 해야 할 말이 있다고 한다면 응당 관심을 가지는 것이 내게도 여러모로 매우 유익하다. 또한 그동안 나는 청소년과 가정을 대상으로 그가 어떻게 사역하는지 직접 보았으므로 그가 이 분야에 얼마나 큰 역량과 능력이 있는지 잘 알고 있다. 전국의 다양한 사역 환경에서 가정을 돕는 데 쏟아부은 그의 열정과 축적된 오랜 경험을 생각할 때 이 주제에 대한 그의 의견은 충분히 귀담아들을 가치가 있다. 바로 이러한 이유들로 나는 자녀 양육에 대한 그의 원고를 큰 기대감을 안고 읽어 보았다.

나는 교회의 가정 사역에 가장 효과적인 방법이 무엇인지 조사를 시행하던 몇 년 전, 그의 가정 사역 활동을 아주 면밀히 살펴본 적이 있다. 「자녀들을 영적 챔피언으로 변화시키자」(Transforming Children into Spiritual Champion)를 집필할 당시, 나는 몇 개월을 투자해 성경적 자녀 양육에 대한 독보적인 사역 기관이 있으면 전국 어디든지 달려가서 직접 확인했다. 그리고 성경적 자녀 양육 과정의 핵심 열쇠로 부모가 효과적인 자녀 양육을 하도록 돕고자 노력했다. 당시 마크의 사역은 미국에서 가장 효과적인 사역으로 꼽혔고 나는 그에게서 많은 것을 배웠다. 물론 지금도 여전히 배우고 있다. 이 책은 그의 탁월한 최신판 자녀 양육서이다.

본서에서 우리는 자녀 양육이나 가정의 변화, 신앙 성숙과 관련된 중요한 개념들을 접할 수 있다. 이 영역들은 각기 우리에게 개인적인 도전을 던진다. 당신은 가정을 정말로 중요한 우선순위로 삼고 있는가? 자녀들이 당신을 통해 예수님의 모습을 보고 닮아가고 있는가? 당신은 하나님이 원하시는 가정을 만들기 위해 필요한 노력과 자원을 실제적으로 투입하고 있는가? 당신은 가정생활에 대해 말이 아니라 행동으로 그 믿음을 증명하고 있는가? 훌륭한 부모가 되기 위해 당신이 교회에 거는 기대는 무엇인가? 마크는 본문에서 이런 여러 유익한 질문들로 가정생활에 대해 깊이 고민해 보도록 우리를 촉구한다.

이론을 아는 것도 도움이 되지만 대부분의 부모들에게는 실제적이고 실행 가능한 대안의 제시가 매우 중요하다. 이런 제안으로 가득한 책이 바로 이 책이다! 그리스도를 사랑하고 가정에서 그분의 임재와 진리가 드러나기를 원하는 부모들에게 이 책은 성경적 통찰, 개인적 경험, 실행 가능한 적용점들을 제시해 줄 것이다.

지금까지 마크 홀맨에게 많은 도움을 받아왔지만 이번에는 가장 중요한 역할, 즉 부모 역할에 대해 큰 도움을 받았다. 이에 거듭 감사를 표한다. 자녀 양육에 대한 그의 모든 경험이 독자들에게도 도움이 될 것을 확신한다. 이 책을 통해 당신의 가정이 하늘의 축복을 누리고, 하나님께서 영광받으시기를 소망하며 이 책을 기쁘게 추천한다.

조지 바나_바나그룹 설립자, 「예수님처럼 생각하라」 저자

헌사

2004년 11월 23일 세상을 떠나신 아버지 알렌 홀맨, 일명 '알리 삼촌'을 기리며 그 영전에 이 책을 바칩니다. 아버지는 나의 멘토이자 롤모델이며 친구였고, 어머니 마이른 여사와 더불어 '가정생활'의 진정한 모범을 보여 주신 영웅이셨습니다.

또한 가정에 대한 열정을 함께 나누어 준 멋진 아내 마리아와 딸 말렌에게 감사드립니다. 표지에는 그 이름이 실리지 않았을지라도 이 책 곳곳에는 두 사람의 흔적이 묻어 있습니다. 그들은 영감의 원천으로서 나에게 끝없는 지지와 이해를 보여 주었습니다. 조건 없는 사랑을 보여 주고 우리 생활을 가감없이 드러내도록 흔쾌히 허락해 주어서 고맙습니다. 사랑합니다.

차 례

추천의 글
헌사
서문_ 당신의 가정을 향한 하나님의 뜻은 무엇인가

1장

모든 가정은 문제가 있다 그래서 '변화'를 꿈꿀 수 있다   27

믿음이 시작되는 핵심포인트

믿음이 성장하는 가족활동
  01. 가정을 축복하기
  02. 가정에서 'WWJHMD' 하기
  03. 가족 사명 선언문

믿음이 삶이 되는 핵심질문

2장

부모의 믿음이 자녀의 미래를 결정한다   59

믿음이 시작되는 핵심포인트

믿음이 성장하는 가족활동
  01. 그리스도를 삶의 중심에 모시기
  02. 나의 신앙여정 돌아보기
  03. 서로의 모습에서 그리스도의 모습 찾기
  04. "패션 오브 크라이스트" 관람하기

믿음이 삶이 되는 핵심질문

3장

자녀의 믿음을 세우기 원한다면 T.R.A.I.N. 하라   91

믿음이 시작되는 핵심포인트

믿음이 성장하는 가족활동
  01. 자녀와 함께 기도하기
  02. 가족이 함께 봉사활동하기

믿음이 삶이 되는 핵심질문

4장

모든 가정은 '경건한 연장자들'의 지혜가 필요하다   127

믿음이 시작되는 핵심포인트

믿음이 성장하는 가족활동
  01. 자녀의 대부모(代父母) 세우기
  02. 자녀의 기도 파트너 세우기
  03. 멘토링 프로그램 참여하기

믿음이 삶이 되는 핵심질문

가정의 가장 좋은 파트너는 '교회'이다   159

믿음이 시작되는 핵심포인트

믿음이 성장하는 가족활동
  01. 매주 설교말씀 되새기기
  02. 영적 은사 발견하기

믿음이 삶이 되는 핵심질문

주

서문

당신의 가정을 향한
하나님의 뜻은 무엇인가

    1995년 10월 31일 새벽 12시 13분, 내 인생은 완전히 달라졌다. 아내 마리아와 나는 미네아폴리스의 노스 메모리얼 병원 분만실에 있었다. 결혼한 지 5년이 지난 우리는 이제 막 태어날 아기를 기다리고 있었다. 나는 3시간 동안 거듭되는 진통을 견디는 아내 곁을 지키며 산고의 고통을 함께 나누었다.

    그러다가 고대하던 놀라운 순간이 드디어 찾아왔다. 딸 말린이 세상 밖으로 나온 것이다. 그 순간 얼마나 놀랍고 감격스러웠는지 모른다. 간호사들은 즉각 아이를 분만실 저편으로 데려가 씻기고 치수를 재었다.

    말린은 울음을 터뜨렸고, 아내 역시 초산이라 힘들어 했다. 그날 두 사람 사이에서 "어느 쪽으로 가 보아야 하지? 생애 가장 힘들고 고통스러운 경험을 한 아내 쪽으로 가야 하나? 아니면 자지러지듯 울고 있는 소중한 어린 딸에게로 가야 하나?"라고 어찌할 바를 몰라

허둥대던 내 모습이 지금까지도 기억에 선명하다.

그때 주님의 음성이 들렸다. 그 목소리는 마치 아내의 음성과 매우 흡사했다.

"가서 말린이 괜찮은지 확인하거라."

딸은 세상에 나온 지 불과 6초밖에 되지 않았고, 나는 벌써부터 누군가의 도움이 필요했다.

기능적인 역기능 가정

오늘날 많은 부모들이 도움을 구하고 있다. 성공한 부모가 되고 싶은 간절한 열망을 가지고 있다! 그들은 인터넷을 뒤지거나 육아 프로그램을 시청하고 온갖 자기 계발서를 나오는 대로 족족 사본다. 모두 가정을 제대로 꾸리기 위한 몸부림이다. 그럼에도 오늘날 가정들은 허공에 실오라기 하나에 매달려 있는 듯 위태로워 보인다. 절박하게 해답을 찾아다니는 이런 세태 속에서 하나님만이 '해답'을 주실 수 있는 분이라는 사실을 사람들이 정말 알고 있는지 의문스럽다. 주님은 우리 가정들이 단순히 생존하는 정도로 끝나지 않고 인생의 항해 속에서 풍성한 삶을 누리기를 원하신다.

나는 '기능적인 역기능 가정'이라는 제목으로 설교를 한 이후로 모든 가정이 역기능적이라고 믿고 있다. 실제로 15년 동안 청소년 가정 사역자와 담임목사로 섬기면서 도움이 전혀 필요하지 않은 완벽한 가정이라고 자신 있게 말하는 가정을 단 한 번도 만난 적이 없다.

어린 시절 우리 집도 이와 다르지 않았다. 부모님과 누나 둘, 나까지 다섯 식구였던 우리 집은 겉으로 보면 신앙심이 남다른 가정이었다. 아버지는 캠프 책임자였고, 어머니는 많은 사람들에게 살아 있는 천사라고 칭찬받는 훌륭한 분이었다. 많은 사람들이 우리 가정을 완벽한 가정이라고 생각했다. 그러나 그 이면의 모습이 어떤지 아는 사람은 거의 없었다. 아버지는 알코올 중독자나 다름없었다.

나는 집에 와서 마티니를 연거푸 마시고 인사불성이 된 채 의자에 널브러져 있는 아버지의 모습을 수없이 보았다. 한번은 친구 대니가 하룻밤 우리 집에서 자도 괜찮은지 물어보았을 때 아버지가 술주정을 부릴지 모르니 엄마가 안 된다고 대답하신 적도 있다. 그때 나는 화를 주체하지 못하고 안락의자에 앉아 있는 아버지에게 달려가 눈을 똑바로 쳐다보며 "아버지가 미워요"라고 소리쳤다. 아버지는 멍한 눈으로 나를 올려다보더니 혀 꼬부라진 목소리로 "나도 네가 싫어"라고 대답했다.

그날 저녁의 기억은 앞으로도 지워지지 않을 것이다. 또한 아버지에게 그렇게 쏘아붙였던 미안함도 사라지지 않을 것이다. 감사하게도 몇 년 후 아버지는 알코올 중독에서 벗어났고, 우리는 화목한 가정으로 회복되었다. 여기서 요점은 바로 내가 역기능 가정에서 자랐다는 것이다. 그러나 하나님은 '기능적인 역기능 가정'이 되도록 우리를 이끌어 주셨다.

가정 사역에 대한 나의 열망과 열정은 바로 이런 경험에서 나온 것이다. 나는 15년 동안 청소년 가정 사역자로 세 교회에서 섬기면서 강사로서, 상담사로서 전국을 순회할 기회가 많았다. 일주일이 멀다하고 위기의 가정이나 상담이 필요한 상황에 개입해야 했다. 고통당하는 가정들을 보면서 마음이 무너져 내리기도 부지기수였다. 그러나 또한 아름다운 가정을 꾸려가는 수많은 가족들을 만나 그들을 통해 많은 것을 배울 수 있었다. 이런 입장에서 그동안 나는 어떻게 하면 가정을 믿음으로 굳건히 세울 수 있는지 관찰하고 고민했으며 이제 이 책을 통해 그 깨달음을 당신과 나눌 수 있기를 기대한다.

본서의 주요 내용

먼저 각 장의 내용을 간단히 살펴보도록 하자.

1장에서는 오늘날 가정의 위상, 각 가정에 필요한 변화, 하나님이 원하시는 가정이 되기 위해 꼭 필요한 필수적 선택에 대해 다룰 것이다.

2장에서는 부모의 변화에 대해 다룰 것이다. 부모의 개인적 신앙생활과 그것이 가정에서 차지하는 역할에 대해서 심층적으로 살펴볼 것이다.

3장에서는 가장 소중한 존재인 우리 자녀들과 자녀 양육에 필요한 요소들에 대해서 집중적으로 살펴볼 것이다.

> "사탄은 우리가 하나님을 믿지 못하도록 무슨 짓이든 할 것이다. 가정이 화목한 것이 하나님의 뜻이라는 사실을 우리가 알기를 원치 않기 때문이다."

4장에서는 가정이 조부모와 거룩한 연장자와 멘토들의 지혜와 경험을 활용할 수 있는 방법을 새롭게 찾아볼 것이다.

마지막 5장에서는 각 교인의 가정생활에서 교회가 할 수 있는 역할에 대해서 살펴볼 것이다. 아울러 교회가 해서는 안 되는 역할에 대해서도 살펴볼 것이다.

사탄의 거짓말

힘들다. 사탄이 이토록 체계적이고 전략적으로 가정을 무너뜨리고 있어도 지켜볼 수밖에 없는 처지가 힘들고 안타깝다. 사탄은 가정에서 상처받고 환멸을 느끼게 하면 그 자손들까지 수세대를 하나님과 멀어지게 할 수 있다는 사실을 알기에 가정을 무너뜨리는데 열을 올린다. 실제로 많은 사람들이 가정에서 받은 상처로 하나님을 저버리거나 교회를 등진다.

지금 이런 처지에 있는 독자들도 있을 것이다. 그렇다면 사탄이 거짓말쟁이라는 사실을 명심하면 좋겠다. 성경은 사탄이 거짓말쟁이라고 분명히 말한다.

"제 것으로 말하나니 이는 그가 거짓말쟁이요 거짓의 아비가 되었음이라"(요 8:44).

사탄은 가정이 화목한 것이 하나님의 뜻이라는 사실을 우리가 모르기를 바라기에 우리가 하나님을 믿지 못하도록 무슨 짓이든 할 것이다.

하나님은 우리와 우리 자녀들과 후손들이 장수를 누리며 형통하기를 원하신다. 성경은 "이것은 여러분과 여러분의 자녀와 손자 손녀가 평생토록 하나님을 깊이 경외하며 살고, 내가 여러분에게 명령하는 그분의 규례와 법도를 지켜, 오래도록 잘 살게 하려는 것입니다"(신 6:1, 메시지 성경)라고 분명히 말한다.

> "성경은 과거 수세대 동안 가정에 실제적인 도움을 주었고 앞으로 수없이 많은 세대가 흘러도 도움을 줄 것이다. 이 도움을 받아들일 마음이 있는가?"

본서의 목표

모든 가정이 다 역기능적인 면이 있지만 하나님은 가정을 사랑하신다. 모든 가정이 아름답게 세워지기를 바라신다. 본서의 목적은 가정으로서 '또 다른 길'이 있음을 보여 주는 것이다. 요지는 간단하다. 그리스도를 가정의 중심에 모시면, 사탄이 가정을 어떤 상황으로 몰고 가든지 '빠져나올 길'이 있다는 것이다. 나의 목표는 아무리 역기능적 가정이라 하더라도 기능적 가정이 될 수 있도록 실행 가능한 실제적 제안과 성경적 지혜를 소개하는 것이다.

성경적 지혜에 대한 고찰: 성경은 살아 있는 하나님의 말씀이므로

가정을 변화시킬 수 있다. 그러나 먼저 성경 말씀을 읽고 지시하는 대로 순종해야 한다. 야고보 사도는 이렇게 썼다.

"너희는 말씀을 행하는 자가 되고 듣기만 하여 자신을 속이는 자가 되지 말라 … 자유롭게 하는 온전한 율법을 들여다보고 있는 자는 듣고 잊어버리는 자가 아니요 실천하는 자니 이 사람은 그 행하는 일에 복을 받으리라"(약 1:22,25).

성경에는 올바른 가정을 꾸리는데 필요한 교훈이 담겨 있다. 히브리서 4장 12절은 "하나님의 말씀은 살아 있고 활력이 있다"고 말한다. 성경은 우리와 상관이 없거나 시대에 뒤떨어져 현실과 괴리된 책이 아니다. 과거 수세대 동안 가정에 실제적인 도움을 주었고, 앞으로 수없이 많은 세대가 흘러도 도움을 줄 것이다. 문제는 우리에게 성경 말씀을 순종할 마음이 있는가이다.

실제적 제안에 대한 고찰: 나는 문제만 지적할 뿐 해결책을 제시하는 데는 관심이 없는 책은 싫다. 그래서 이 책에는 가정을 변화시키기 위해 즉각적으로 실행할 수 있는 실제적인 제안들이 대폭 수록되어 있다. 이 책의 실제적인 접근 방식을 통해 하나님이 원하시는 건강하고 견고하며 기쁨 넘치는 가정을 만들 수 있는 도전과 격려, 실제적인 도움을 받기를 기도한다.

본서를 활용하는 방법

진도를 더 나가기 전에 먼저 본서를 최대한 활용하는데 도움이 되도록 각 장 끝머리에 수록된 몇 가지 내용을 소개하고자 한다.

믿음이 시작되는 핵심포인트: 이 책은 독자가 바로 앞에 있는 것처럼 생각하면서 쓴 것이다. 다시 말해 글쓰기를 위한 글쓰기가 되지 않도록 노력했다. 좋은 친구와 편안한 마음으로 따뜻하고 의미 있는 대화를 나눈다는 생각으로 글을 썼다. 이런 대화가 어떤 대화인지 모두들 알 것이다. 자신이나 다른 친구의 경험을 사례로 들어 요점을 전달하고, 특별히 기억에 남는 성경 구절을 함께 나누며 느낀 점을 소곤소곤 나누는 것이다. 바로 이런 분위기가 이 책에 그대로 반영되어 있다. 또한 가정을 구체적으로 변화시킬 수 있는 방법을 명료하게 전달할 수 있도록 각 장 말미에 '믿음이 시작되는 핵심포인트' 파트를 따로 정리해 두었다. 이것은 각 장에서 꼭 명심해야 할 내용을 요약 정리한 부분으로 필요할 때마다 유용한 참고 자료로 활용할 수 있을 것이다.

믿음이 성장하는 가족활동: 좋은 자료가 있으면 베끼고 싶어진다. 이처럼 내 가정이 잘되기를 바라는 마음 역시 마찬가지이기에 다른 가정의 좋은 점을 발견하면 우리 가정에 적용하고 싶어진다. 각 장은 다른 가정들이 효과적으로 활용한 가족활동을 말미에 수록해 두었다. 이런 활동들은 모두에게 도움이 될 수 있으므로 매우 중요하다. 물론 각 장의 본문을 읽는 일도 중요하다. 그러나 가정에 실제적인 변화가 일어나기 위해서는 각 장에 소개한 이 활동들을 꼭 실천해야 한다. 여기에는 즐거운 활동들과 진지하고 도전적인 활동들이 있다. 우리는 이 활동들을 통해 원하는 가정의 모습에 더욱 가까워질 수 있고, 더 중요하게는 하나님이 원하시는 가정의 모습에 한 걸음 더 다가갈 수 있을 것이다.

믿음이 삶이 되는 핵심질문: 말린이 태어나고 바로 마리아와 나는 소그룹 모임을 만들었다. 구성원들은 모두 6개월 이하의 자녀를 둔 가정이었다. 처음에는 이 모임이 시간과 노력을 기울일 만한 가치가 있는지 누구도 확신하지 못했다. 하지만 시간이 흐르면서 서로 간의 관계는 돈독해졌고, 가정을 꾸리면서 경험하는 고충과 기쁨을 나누는 진실한 사이가 되었다. 이렇게 시작된 모임이 벌써 9년이나 흘렀고, 각자 양육해야 할 자녀들도 늘어났다. 우리는 이제 '삶을 함께 나누는' 모임이 되었다. 우리가 미네소타에서 캘리포니아로 이사를 했음에도 불구하고 여전히 일 년에 한두 번은 모임을 갖고 있다. 이렇게 정든 친구들의 응원 없이 인생을 헤쳐 나간다는 것은 상상도 하기 싫다.

초창기에 우리 모임은 함께 책을 읽고 토론하는 식으로 이루어졌는데 갓 가정을 꾸린 부부이건 안정적인 가정생활을 하는 부부이건

이 책이 유익한 교재로 사용되기를 바란다. 각 장 말미에는 토론을 위한 몇 가지 질문들이 수록되어 있다. 이미 소그룹 모임을 하고 있다면 이 질문들이 도움이 될 것이다. 아직 소모임을 하지 않고 있다면 이 책이 모임을 시작하는 촉매제로 도움이 될 것이다.

이제 이후로 이어질 이 책의 본문을 통해 하나님이 원하시는 가정을 이루어 갈 수 있도록 도전과 용기를 얻고 필요한 준비를 할 수 있기를 기도한다. 오늘날 가정을 꾸리고 지키는 일은 결코 쉽지 않다. 하지만 하나님이 함께 하시면 누구나 아름다운 가정을 꾸릴 수 있다. 가정의 규모나 형태와 상관없이 우리가 온전한 가정생활을 하는 것이 하나님의 뜻이고 계획이다. 그러므로 하나님께서 원하시는 모습으로 우리 가정을 빚어 가시도록 그분께 맡겨 드리는 여정을 시작해 보자. 그 여정은 가정에서부터 시작된다.

1장

모든 가정은 문제가 있다 그래서 '변화'를 꿈꿀 수 있다

어린 시절 나는 성경 캠프 관사에서 살았다. 내게 이보다 더 좋은 곳은 없었다. 500에이커(약 2백만 제곱미터)에 달하는 뒤뜰에 말과 캠프파이어장, 축구장이 있었고, 주일마다 100명의 새로운 친구를 사귈 수 있었다. 마음에 들지 않는 친구가 있더라도 그 다음 주가 되면 새 친구가 100명이나 찾아오니 별로 개의치 않았다!

특별히 나는 캠프에 참가한 사람들이 선보이는 촌극을 매우 좋아했고, 반복해서 내용이 뻔한 촌극도 매우 재미있게 봤다. 이제 와서 생각해 보면 많은 부분 영적으로 매우 따끔한 통찰이 돋보이는 촌극이었다. 내가 정말 좋아한 캠프 촌극의 하나는 "예수님이 오신대요"였다. 이 촌극은 한 가족이 거실에 함께 앉아 있는데 전화벨이 울리는 장면으로 시작한다. 전화를 건 이는 예수님이시다. 예수님은 이 가족에게 그날 저녁 방문하겠다고 통지를 하신다. 이틀 전에 전화가 끊어진 터라 그것이 장난 전화가 아니라는 결론을 내린 그 가족은 예수님의 방문을 준비해야 한다는 사실을 깨닫는다.

그들은 황급히 집안을 치우기 시작한다. 아빠는 서둘러 벽에 걸린 그림들을 십자가로 바꾸어 단다. 엄마는 거실 탁자에 어지러이 널린 잡지들을 치우고 성경책을 꺼내 놓는다. 십대 아들은 침대 아래 숨겨 둔 의심스러운 물건들을 추려서 버린다. 모두 집안에서 '불경스러운' 것들을 골라 버리느라 분주하게 움직인다.

이렇게 정신없이 예수님의 방문을 준비하는 동안 세 명의 방문객이 차례로 찾아온다. 첫 번째 방문객은 푸드뱅크에 음식을 기부해 달라고 부탁한다. 두 번째 방문객은 낡은 여성보호시설의 수리기금을 모금 중이라고 말한다. 마지막 손님은 막 자동차 사고를 당했다고 하며 전화를 사용할 수 있도록 해 달라고 부탁한다. 그러나 그들은 방문자가 찾아올 때마다 황급히 문 밖으로 몰아내며 다급하게 말한다.

"우리가 지금 너무 바빠요. 아주 중요한 손님이 오기로 했거든요. 옆집에 가서 부탁해 보세요".

가족 모두 시계를 바라본다. 자정이 되기 1분 전이다. 이제 곧 예수님이 오실 것이다. 그들은 예수님께 좋은 인상을 주고 싶어서 자리에 똑바로 앉아 손가는 대로 성경을 넘기며 읽기 시작한다. 공교롭게도 그들이 펼친 성경 본문은 마태복음 25장 41-45절이다.

"또 왼편에 있는 자들에게 이르시되 저주를 받은 자들아 나를 떠나 마귀와 그 사자들을 위하여 예비된 영원한 불에 들어가라 내가 주릴 때에 너희가 먹을 것을 주지 아니하였고 목마를 때에 마시게 하지 아니하였고 나그네 되었을 때에 영접하지 아니하였고 헐벗었을 때에 옷 입히지 아니하였고 병들었을 때와 옥에 갇혔을 때에 돌보지 아니하였느니라 하시니 그들도 대답하여 이르되 주여 우리가 어느 때에 주께서 주리신 것이나 목마르신 것이나 나그네 되신 것이나 헐벗으신 것이나 병드신 것이나 옥에 갇히신 것을 보고 공양하지 아니하더이까 이에 임금이 대답하여 이르시되 내가 진실로 너희에게 이르노니 이 지극히 작은 자 하나에게 하지 아니한 것이 곧 내게 하지 아니한 것이니라 하시리니."

이 구절을 미처 다 읽기도 전에 시계는 자정을 알린다. 십대 아들은 "예수님이 결국 오시지 않을 건가 봐요"라고 말한다. 잠시 침묵하던 엄마는 이렇게 대답한다.
"내 생각에 예수님은 이미 오셨다 가셨어."

상황 점검표

이 촌극은 그동안 늘 나의 '상황 점검표' 같은 역할을 하며 온갖 종류의 질문을 불러일으켰다. 예수님이 오신다면 집에서 치워야 할 것은 무엇인가? 내 집에서 예수님을 되돌려 보낸 적이 얼마나 많은

가? 예수님이 우리 중에 계시다면 내가 그것을 알아차릴 수 있는가? 너무 바빠서 알아차리지 못하면 어떡하나? 이 촌극은 우리 가정들에 변화가 필요하다는 중요한 진리를 깨닫도록 도와준다.

단 며칠 만에 바로 눈앞에서 집이 완전히 변신하는 텔레비전 쇼를 본 적이 있다. 이런 물리적 변화로 그 가족이 느끼는 흥분과 감동을 충분히 이해한다. 그러나 이런 변화가 이 가정에 실제로 도움이 되겠는가라는 의문이 생긴다. 한 가정의 물리적 구조가 대대적으로 바뀌는 장면은 감동적이지만, 대부분의 가정에는 이보다 훨씬 더 심층적인 변화가 필요하다. 즉 생활 방식 등 총제적인 변화가 필요하다.

십대 시절, 어느 주일에 우리 가족은 차를 타고 교회에 가다가 큰 다툼이 벌어졌다. 무엇 때문에 생긴 다툼인지 기억나진 않지만 차를 주차하고 교회 정문으로 걸어갈 때까지 서로 죽일 듯이 다퉜다. 교회 안으로 들어가자 목사님이 우리를 반기며 "다들 잘 지내셨습니까?"라고 물었다. 우리는 즉각 주일용 미소를 만면에 지으며 "물론이지요"라고 한목소리로 대답했다.

돌이켜 보면 그때 우리 가족이 정색을 하고 목사님을 바라보며 "전혀 잘 지내지 못했어요. 우리에게는 도움이 필요해요"라고 말할 용기가 있었더라면 좋지 않았을까 하는 생각이 든다.

오늘날 이런 가족들이 적지 않다. 그들은 해로운 행동의 악순환에 빠져 있음에도 불구하고 어떻게 지내느냐는 질문을 받으면 "잘 지냅니다"라고 말한 후 입을 다문다. 얼굴에 억지웃음을 지으며 아무 변화도 시도하지 않는다. 하지만 더 깊은 내면에서는 도움이 필요하다고 소리치고 있다.

오늘날 대부분의 부모들은 자녀들을 최소한 자신의 어린 시절과 비슷하거나 더 나은 환경에서 부양하기를 원한다. 하지만 그들도 도움이 필요하다. 모든 회복 프로그램은 도움이 필요함을 인정하는 데서부터 시작한다. 딸이 태어나던 날, 나는 도움이 필요하다는 사실을 깨달았다. 그리고 그 도움은 매 순간 가정을 꾸려 가는 모든 여정에 필요하다. 나는 그 사실을 인정하는데 조금도 주저하지 않는다.

하나님의 길인가? 세상의 길인가?

가정을 바꾸고 싶다면 한 가지 선택을 해야 한다. 그 변화의 주체를 누구로 삼느냐 하는 것이다. 어떤 선택을 해야 하는지는 여호수아 24장 14-15절이 명확하게 가르쳐 주고 있다.

> "그러므로 이제는 여호와를 경외하며 온전함과 진실함으로 그를 섬기라 … 만일 여호와를 섬기는 것이 너희에게 좋지 않게 보이거든 … 너희가 섬길 자를 오늘 택하라 오직 나와 내 집은 여호와를 섬기겠노라."

궁극적으로 어떤 가정을 꾸릴지는, 그리고 가정이 제대로 살아남을지는 하나님의 방식대로 인생을 사는가 아니면 세상 방식대로 사는가에 달려 있다. 여호수아가 하나님의 백성들에게 선택을 종용하자 그들은 이렇게 대답했다.

"우리가 결단코 여호와를 버리고 다른 신들을 섬기기를 하지 아니하오리니 … 우리도 여호와를 섬기리니 그는 우리 하나님이심이니이다"(수 24:16,18).

그러자 여호수아는 "너희가 여호와를 능히 섬기지 못할 것은 그는 거룩하신 하나님이시요 질투하시는 하나님이시니"(수 24:19)라는 말로 그들의 말이 진심인지 확인했다. 그러나 백성들은 한층 더 확고하게 "아니니이다 우리가 여호와를 섬기겠나이다"(수 24:21)라고 외쳤다. 이에 여호수아는 "너희가 여호와를 택하고 그를 섬기리라 하였으니 스스로 증인이 되었느니라"(수 24:22)고 화답했다. 이때 여호수아는 그들이 내린 선택을 삶으로 증명하는 모습을 보고 싶다고 백성들에게 말한 셈이었다.

> "궁극적으로 어떤 가정을 꾸릴지는, 그리고 가정이 제대로 살아남을지는 하나님의 방식대로 인생을 사는가 아니면 세상 방식으로 사는가에 달려 있다."

오늘날 우리도 동일한 선택을 내려야 한다. 여호수아는 온전하고 진실하게 하나님을 섬기는 선택을 해야 한다고 말했다. 그가 "라스베이거스에서 있었던 일은 라스베이거스로 끝낸다"는 지침을 백성들에게 주고 있지 않음을 유의하라. 즉, 교회 안과 교회 밖의 생활이 달라도 된다고 말하는 것이 아니다.

만일 여호수아가 "조금 더 진실하게 여호와를 섬기라"라고 말하면서 마음이 내킬 때만 하나님이 원하시는 뜻대로 살도록 선택의 여지를 남겼다면 어떻게 되었을까? 그랬더라면 좋았을까? 솔직히 전혀 그렇지 않다. 하나님은 온전한 진실함으로 그분을 섬기기를 원하신다. 그 외의 다른 길은 모두 죄이다. 죄는 가정을 해치고 무너뜨린다. 외도는 배우자와 자녀들에게 상처를 주고, 이혼은 가정을 무너뜨리며 음란물 이용은 신뢰를 훼손하고, 폭력은 평생 지워지지 않는 상처를 남긴다. 하나님은 죄의 파괴력을 알고 계시기에 전심을 다해 그분을 신실하게 섬기라고 말씀하신다.

물론 이 일이 항상 쉽지는 않다. 친구 짐이 가정 문제로 충격을 받았던 때가 생각난다. 우리는 거의 1년 동안 함께 운동을 했고, 보통 일주일에 세 번 헬스장에서 만났다. 하루는 짐보다 빨리 도착해 막 운동을 하려는 찰나였다. 짐이 들어오더니 외출복 차림 그대로 다가와서 "마크, 오늘은 운동을 할 수가 없네. 대신 의논할 일이 있어"라고 말했다. 그의 표정에서 무엇인가 심각한 일이 있음을 직감할 수 있었다.

우리는 근처 카페로 가서 자리를 잡고 앉았다. 짐은 아내 리사에게서 "지난 1년 동안 외간 남자와 만나고 있었다"는 고백을 막 들었다고 말해 주었다. 짐은 심한 충격을 받은 얼굴이었다. 그와 리사는 결혼한 지 10년이 되었고, 슬하에 여덟 살도 채 안 된 예쁜 두 딸이 있었다. "어떻게 하면 좋지?"라고 묻던 그의 표정이 지금도 잊히지 않는다.

리사의 고백은 짐이 감당하기에 너무나 버거운 진실이었다. 리사는 잘못을 고백했고 용서를 구하고 있었다. 그녀는 짐이 어떤 결정을 내리든 모두 받아들이겠다고 했지만, 지난 몇 년간 어긋난 두 사람의 관계가 회복되기를 진심으로 바라고 있었다. 그날 나는 그 자리에서 그가 듣고 싶은 말을 해 줄 수 있었으면 좋았을 것이다. 그러나 솔직히 내가 무슨 말을 했는지 잘 기억이 나지 않는다. 함께 울면서 기도한 다음, 어떤 결정을 내리기에 앞서 하나님의 뜻을 구하라고 간곡히 일렀던 사실만 기억이 난다. 짐에게 쉬운 선택은 이혼이었다. 하지만 짐은 하나님의 뜻을 구하면서 이혼이 하나님의 뜻이 아니라는 것을 깨달았다. 자신이 그동안 완벽한 남편이 아니었고, 심지어 어떤 면에서 리사의 외도가 자신에게도 책임이 있음을 인정했다. 그 다음 몇 주, 몇 달이 흐르는 동안 짐은 쉽지 않은 길을 선택했고, 결국 아내와 함께 상담을 받기로 했다.

그 뒤로 10년이 훌쩍 흘렀다. 어느 날 짐이 전화를 걸어 가족과 캘리포니아에 와서 우리와 휴가를 함께 보내도 되겠느냐고 물었다. 그동안 짐과 개인적으로 만날 기회가 여러 번 있었지만 그의 가족 모두와 만나는 것은 10년 만에 처음이었다. 그때 짐과 리사가 푹신한 의자에 함께 앉아 자녀들과 웃으며 대화를 나누는 모습을 지켜보았던 기억이 아직도 남아 있다. 그들의 단란한 모습을 물끄러미 바라보던 나의 눈가에는 저절로 눈물이 맺혔다. 하나님은 그들의 관계를 회복시켜 주셨다. 짐과 리사가 전심으로 주를 섬기기로 선택했을 때 가족 간에 강한 유대감과 결속력이 생겼다. 세상은 그들에게 또 다른 선택을 요구했고, 어떤 친구들은 그 선택을 하도록 부추기기도 했다. 그러나 극한 어려움 속에서도 짐과 리사는 하나님께서 그들의 관계를 이끌어 주실 것을 믿었다. 그리고 실제로 하나님은 그렇게 하셨다.

당신은 어떤 선택을 할 것인가?

당신의 가족은 전심으로 하나님을 섬기는 선택을 해 왔는가? 하나님을 섬기는 가족이 되고자 최선을 다하고 있는가? 그동안 결정하고 결심한 대로 가족들이 따라와 주고 있는가?

나는 오늘날 가정들이 안고 있는 문제들의 상당 부분이 주님께 결단한 대로 살지 않아서 생긴 것이라고 생각한다. 많은 가정들이 주일 아침에는 '기독교인 놀이'를 하고, 주중에는 실제 그리스도인으로 살기를 원치 않는다. 그러면서 왜 일이 꼬이는지 의문을 갖는다.

우리의 모든 가정은 여호수아의 선언에 동참해야 한다.

"나와 내 집은 여호와를 섬기겠노라!"

우리는 100퍼센트 이 선언대로 살아야 한다. 다시 말해서 하나님의 방식대로 사는 삶을 선택해야 한다. 하나님이 우리 가정을 완전히 바꾸시도록 내어 드려야 한다. 그분은 항상 우리의 최선의 유익을 염두에 두시는 분이다.

"너희를 향한 나의 생각을 내가 아나니 평안이요 재앙이 아니니라 너희에게 미래와 희망을 주는 것이니라"(렘 29:11).

참으로 달콤한 약속 아닌가. 하나님은 우리 가정들이 잘되기를 원하신다. 우리에게 희망과 안전한 미래를 주기를 바라신다.

모세는 이렇게 썼다.

"내가 오늘 복과 저주를 너희 앞에 두나니 너희가 만일 내가 오늘 너희에게 명하는 너희의 하나님 여호와의 명령을 들으면 복이 될 것이요 너희가 만일 내가 오늘 너희에게 명령하는 도에서 돌이켜 떠나 너희의 하나님 여호와의 명령을 듣지 아니하고 본래 알지 못하던 다른 신들을 따르면 저주를 받으리라"(신 11:26-28).

이것은 우리가 내릴 가장 중요한 선택일 것이다. 하나님은 우리와 우리 가정을 축복해 주기를 원하신다. 그러나 전심으로 그분을 따르겠다는 선택은 우리 몫이다. 가정은 전심으로 그분을 따르지 않을 때 온갖 종류의 어려움에 봉착하게 된다. 이미 많은 사람들이 이 문제들이 어떤 혼란을 야기하는지 잘 알고 있다.

하나님은 우리의 과거로 우리를 판단하지 않으신다

나는 가정 사역에 입문하고 얼마 지나지 않아 이 사역이 만만치 않은 일임을 알게 되었다. 가정을 상대로 사역하다 보면 이혼, 우울증, 반항하는 십대 자녀, 그리고 온갖 중독의 원인이 되는 문제들과 만나게 된다. 어떤 부모들은 "가정 문제에 대한 설교는 별로 듣고 싶지 않네요"라고 애써 외면하기도 한다. 그러나 그런 문제들은 하나님께 조금도 문제가 되지 않는다. 우리 상황이 아무리 엉망이라도 하나님은 놀라지 않으신다. 그리고 가정을 바꾸어 주시겠다는 그분의 제안은 단순히 한 번으로 끝나지 않는다. 지금까지 잘못된 선택을 해왔더라도 바로 오늘 그분을 전심으로 따르는 길을 택할 수 있다. 지금 우리가 내리는 결정이 영원한 결과를 낳을 것이다.

부활절 다음 날 교회 위원회 모임에 참석했던 일이 생생하게 떠오른다. 내 차례가 되어 한창 보고를 하고 있는데 어디선가 핸드폰이 울렸다. 한 위원이 바로 벨 소리를 죽이고 전화를 받기 위해 회의실을 나갔다. 금방 되돌아온 그는 눈물을 흘리며 말했다.

"아내의 전화였습니다. 브라이언이 막 전화를 했다고 하네요. 두 아들이 사고를 당해 케니(일곱 살)는 바로 사망하고, 샤카리(다섯 살)는 중환자실에 있답니다."

브라이언과 그의 아내 릴리는 신앙심이 매우 두터웠고 가정생활도 매우 모범적으로 하는 부부였다. 브라이언은 전처 사이에 생긴 세 명의 장성한 자녀들이 있었고, 릴리와는 눈에 넣어도 아프지

> "우리 상황이 아무리 엉망이라도 하나님은 놀라지 않으십니다. 그리고 가정을 바꾸어 주시겠다는 그분의 제안은 단순히 한 번으로 끝나지 않는다."

않는 두 아들, 케니와 샤카리가 있었다. 우리는 즉각 모임을 끝내고 브라이언과 릴리의 집으로 향했다. 도중에 사고와 관련된 더 자세한 내막을 들을 수 있었다. 아이들은 디즈니랜드에서 삼촌과 숙모, 사촌들과 즐거운 시간을 보내고 막 떠나려던 찰나 횡단보도에서 신호를 보지 못한 자동차에 치인 것이었다.

우리는 샤카리를 위해 기도하였지만 회복은 너무나 더디었다. 그리고 동시에 케니의 장례식 계획을 세워야 했다. 브라이언과 릴리는 넋이 나간 것 같았다.

나는 장례식 때 그 가족에게 어떤 말을 해 주어야 할지 주님께 가르쳐 달라고 몇 시간이나 집중적으로 기도했다. 이제 소개할 내용은 그 어려운 시기에 그들과 함께 나눈 내용의 일부이다.

"이런 일을 겪을 때 저를 위시해 많은 사람들이 '왜요? 주님'이라는 질문을 많이 던집니다. 성경을 살펴보았지만 이런 고통스러운 상황에 대한 완벽한 대답은 없었습니다. 고린도전서 13장 12절에서 바울은 '우리가 지금은 거울로 보는 것 같이 희미하나 그 때에는 얼굴과 얼굴을 대하여 볼 것이요 지금은 내가 부분적으로 아나 그 때에는 주께서 나를 아신 것 같이 내가 온전히 알리라'고 말합니다. 즉, 언젠가는 그 이유를 다 알 날

이 오겠지만 지금은 아니라는 말입니다.

그러나 당장 모든 이유를 다 이해할 수 없다 해도 우리는 하나님의 손길이 우리 가정에 함께 하실 것을 분명히 알고 있습니다. 하나님은 우리 각자의 삶에 찾아오셨고, 우리는 그분을 따르기로 결정했습니다. 결혼할 때 두 분은 그리스도를 가정생활의 중심에 모셨습니다. 그래서 케니가 예수님을 그 마음에 영접하도록 양육할 수 있었습니다. 두 분의 가정은 정말 신명기 6장에 나오는 가정과 비슷합니다. 온 마음과 뜻과 힘을 다해 주를 사랑하는 가족이지요. 두 분은 주님을 향한 사랑을 자녀들에게 전해 주었습니다. 케니는 주님을 사랑하는 아버지 덕분에 어린 나이에 주님께 헌신하겠다고 공개적으로 고백했지요. 케니가 얼마나 주님을 사랑했는지 모릅니다. 사고가 있던 날에는 케니의 성화에 온 가족이 새벽에 일어나 부활절 새벽예배에 참여해야 했습니다. 디즈니랜드에 가기 전에 부활절 예배를 드리고 싶었던 것이지요.

지금 두 분에게 무슨 말로 위로를 해 드려야 할지 황망합니다. 하지만 '그리스도를 가정의 중심에 모시기로 한 선택이 기쁘지 않은가'라는 말은 꼭 하고 싶습니다. 부모의 선택으로 케니는 어린 나이에 그리스도께 인생을 드리기로 결정했습니다. 이 날이 참으로 힘들지만 그리스도를 따르는 선택을 하지 않았더라면 어떻게 되었을지 상상하기도 싫습니다. 자식을 떠나보내는 것은 고통스럽지만 지금 케니는 천국에 있고, 그의 죽음이 끝이 아니라 시작이라는 사실을 알기에 우리는 평안과 확신을 누릴 수 있습니다."

다시 한 번 더 묻고 싶다. 당신의 선택은 무엇인가? 과거에 어떤 대답을 했는지는 중요하지 않다. 오늘 새로운 선택을 할 수 있다. 가정의 변화는 오늘부터 시작될 수 있다.

사도 바울은 "그런즉 누구든지 그리스도 안에 있으면 새로운 피조물이라 이전 것은 지나갔으니 보라 새 것이 되었도다"(고후 5:17)라고 말했다. 온전히 주를 따르는 가족이 되기로 선택한다면 이 말씀은 우리 가정에도 해당될 수 있다. 절대 후회하지 않을 선택이 될 것이다.

믿음이 시작되는 **핵심포인트**

- 가정에 변화가 필요함을 인정하라. 모든 회복 프로그램의 첫 단계는 자신에게 문제가 있음을 인정하는 것에서부터 시작한다. 모든 가정은 문제가 있다. 그러기에 변화를 꿈꿀 수 있다.

- 가정에 관한 문제는 절대 차선에 안주해서는 안 된다. 수많은 가정 전문가들이 세상의 온갖 아이디어로 자랑하지만, 주님 앞에서는 초라할 뿐이다. 주님은 우리 가정의 모든 것을 진정으로 새롭게 해 주실 유일한 분이다.

- 인내하라. 가정에 변화가 일어나려면 '지저분해지는 것'까지도 감내해야 한다. 집을 개조할 때처럼 말이다. 하나님께 모든 과정을 드리라.

- 최종으로 누릴 놀라운 가치를 기억하라. 하나님이 가정을 변화시켜 주시도록 내어 드린다면 상상한 것보다 훨씬 더 놀라운 결과를 보게 될 것이다.

믿음이 성장하는 **가족활동**

01. 가정을 축복하기

여호수아가 하나님을 온전히 섬기도록 백성들에게 도전하면서 선언한 내용을 기억하는가? 그는 "나와 내 집은 여호와를 섬기겠노라"(수 24:15)고 말했다.

우리는 가족과 함께 다음과 같은 축복예배로 여호수아와 같은 선언을 할 수 있다. 친구들과 가족, 교회 목사님을 초청하라. 당신과 배우자, 교회 목사님을 포함한 두 사람 이상이 '리더 1'과 '리더 2'로 표시된 리더의 역할을 분담할 수 있다.

가능한 적극적으로 친구들과 자녀들이 참여하도록 하라. 자녀들이 리더를 따라 방에서 방으로 행렬을 이끌도록 하라. 장성한 자녀들(과 다른 성인들)은 차례로 '성경 낭독'이라고 표시된 부분의 성경 구절들을 읽을 수 있다.

집 밖에서 모두 한자리에 모이라. 촛불만 사용해서 성경 낭독의 분위기를 살릴 수도 있다. 그리스도의 빛이 집의 각 방을 비춘다는 상징적 행위로 불을 밝힌 촛불을 들고 방마다 들어가라. 축복 시간이 마무리되면 눈에 잘 띄는 곳에 큰 촛불을 켜 두어도 좋다.

1. 집 밖에서

리더1: 오늘 이 특별한 축복예배에 오신 여러분을 환영합니다. 오늘 우리는 이 예배를 통해 "나와 내 집은 여호와를 섬기겠노라"(수 24:15)고 담대히 선포할 것입니다. "온갖 좋은 은사와 온전한 선물이 다 위로부터 빛들의 아버지께로부터 내려온다"는 것을 인정합니다(약 1:17). 그리고 바로 이런 이유로 오늘 우리가 이 자리에 모였습니다. 우리 집과 가족은 하나님이 주신 선물이며 우리는 이 가정이 자녀들을 신앙으로 바르게 양육하는 가장 중요한 곳으로 세워지기를 원합니다. 이 가정은 온 가족이 함께 울고 웃는 곳입니다. 여기서 함께 우리 신앙을 키워가겠습니다. 함께 기도하겠습니다.

성경 낭독: 잠언 24장 3-4절 말씀을 낭독하겠습니다.
"집은 지혜로 말미암아 건축되고 명철로 말미암아 견고하게 되며 또 방들은 지식으로 말미암아 각종 귀하고 아름다운 보배로 채우게 되느니라."

성경 낭독: 마태복음 5장 14-16절은 이렇게 말씀합니다.
"너희는 세상의 빛이라 산 위에 있는 동네가 숨겨지지 못할 것이요 사람이 등불을 켜서 말 아래에 두지 아니하고 등경 위에 두나니 이러

므로 집 안 모든 사람에게 비치느니라 이같이 너희 빛이 사람 앞에 비치게 하여 그들로 너희 착한 행실을 보고 하늘에 계신 너희 아버지께 영광을 돌리게 하라."

리더 2: 하나님, 촛불이 이곳을 밝게 비추듯 이 가정이 세상에서 빛이 되도록 해 주소서. 이들이 주님의 지혜와 명철이 되도록 해 주소서. 예수님의 이름으로 기도합니다. 아멘.

2. 현관에서

(어린 자녀들이 집 밖에서 현관까지 행렬을 이끌도록 하고 나머지는 선두를 따라가라.)

리더 1: 많은 사람들이 이 문으로 들어오고 나갈 것입니다. 예수님은 요한계시록 3장 20절에서 "볼지어다 내가 문 밖에 서서 두드리노니 누구든지 내 음성을 듣고 문을 열면 내가 그에게로 들어가 그와 더불어 먹고 그는 나와 더불어 먹으리라"고 말씀하셨습니다. 오늘 우리는 이 문들을 열고 "주 예수여, 이 집으로 오시옵소서"라고 요청할 것입니다.

성경 낭독: 시편 121편 8절은 이렇게 말씀합니다.
"여호와께서 너의 출입을 지금부터 영원까지 지키시리로다."

리더 2: 주 예수님, 주님을 이 집으로 맞아들입니다. 여기 사는 이들을 보호해 주시고 인도해 주시며 그들의 출입을 보호해 주소서. 이 가정이 이곳을 찾아오는 모든 이들을 잘 맞이하게 하시고, 이곳에 들어오는 모든 이들이 주의 사랑과 평안을 맛보게 해 주소서. 예수님의 이름으로 기도합니다. 아멘.

3. 거실에서

리더 1: 가족과 친구들이 이 거실에 모일 것입니다. 여기서 웃고 쉴 것입니다. 이곳에서 안식하며 수많은 의미 있는 대화를 나눌 것입니다.

성경 낭독: 요한복음 13장 34-35절은 이렇게 말씀합니다.
"새 계명을 너희에게 주노니 서로 사랑하라 내가 너희를 사랑한 것 같이 너희도 서로 사랑하라 너희가 서로 사랑하면 이로써 모든 사람이 너희가 내 제자인 줄 알리라."

리더 2: 하나님, 이 거실에 모인 모든 이들을 축복해 주소서. 여기서 이루어지는 대화를 축복해 주소서. 어떤 텔레비전 프로그램을 시청할지 인도해 주시고 지도해 주소서. 이들을 주의 사랑과 교제로 하나되게 해 주소서. 예수님의 이름으로 기도합니다. 아멘.

4. 서재 혹은 공부방에서

리더 1: 모두가 이 방에서 책을 읽고 숙제를 하고 사업 구상을 하며 중요한 결정을 내릴 때마다 주님이 인도해 주시고 이끌어 주시기를 구합니다.

성경 낭독: 잠언 9장 9절은 이렇게 말씀합니다.
"지혜 있는 자에게 교훈을 더하라 그가 더욱 지혜로워질 것이요 의로운 사람을 가르치라 그의 학식이 더하리라."

리더 2: 하나님, 주는 우리를 모든 진리 가운데로 인도해 주시는 분입니다. 이 장소에서 배우고 공부하는 이들이 주님의 지혜로 그들 인생에 두신 주님의 뜻과 계획을 이루도록 해 주소서. 예수님의 이름으로 기도합니다. 아멘.

5. 부엌에서

(쿠키 한 접시를 준비해 두라.)

리더 1: 가족들이 식사를 준비하고 손님들이 훈훈한 이야기를 나누는 이곳은 이 집에서 제일 활발한 공간일 것입니다. 부엌은 사람들을 하나로 모으는 장소입니다. 하나님은 우리 삶의 많은 부분이 음식을 중심으로 이루어짐을 알고 계셨고, 중요한 진리들을 가르쳐 주실 때 음

식을 활용하시곤 했습니다.

성경 낭독: 디모데전서 6장 8절에서 바울은 이렇게 말합니다.
"우리가 먹을 것과 입을 것이 있은즉 족한 줄로 알 것이니라."

성경 낭독: 마태복음 6장 25절에서 예수님은 이렇게 말씀하십니다.
"그러므로 내가 너희에게 이르노니 목숨을 위하여 무엇을 먹을까 무엇을 마실까 몸을 위하여 무엇을 입을까 염려하지 말라 목숨이 음식보다 중하지 아니하며 몸이 의복보다 중하지 아니하냐."

성경 낭독: 요한복음 6장 27절에서 예수님은 이렇게 말씀하십니다.
"썩을 양식을 위하여 일하지 말고 영생하도록 있는 양식을 위하여 하라 이 양식은 인자가 너희에게 주리니."

성경 낭독: 잠언 25장 21절은 이렇게 말씀합니다.
"네 원수가 배고파하거든 음식을 먹이고 목말라하거든 물을 마시게 하라."

리더 2: 하나님, 우리가 의로운 일에 굶주리도록 해 주소서. 이 부엌에서 이루어지는 모든 대화를 축복해 주시고, 여기서 일하는 모든 이들에게 복을 내려 주소서. 매일의 필요를 채워 주심에 감사하게 해 주

소서. 예수님의 이름으로 기도합니다. 아멘.

6. 식당에서

(어린 자녀들이 선두에 선 채 식당에 들어가 손을 잡고 빙 둘러서도록 하라.)

리더 1: 가족이 바쁠수록 식당을 점점 더 사용하지 않게 됩니다. 그러나 예수님은 제자들과 친밀한 시간을 갖고자 하시면 함께 모여 식사를 하셨습니다. 이 공간은 예수님이 가족을 모두 모으시고 친숙한 시간을 가지도록 하실 공간입니다.

성경 낭독: 스바냐 3장 20절은 이렇게 말씀합니다.
"내가 그 때에 너희를 이끌고 그 때에 너희를 모을지라."

리더 2: 하늘과 땅의 주인이신 주님을 찬양합니다. 주님은 우리가 이해할 수 없는 방법으로 역사하시는 분입니다. 우리가 이 식탁 앞에 모이게 해 주시고 여기서 보내는 시간을 축복해 주소서. 이곳에서 이루어지는 대화로 인해 서로가 더욱 가까워지고, 주님께 더욱 나아가게 해 주소서. 예수님의 이름으로 기도합니다. 아멘.

7. 침실에서

(어린 자녀들을 먼저 보내어 숨바꼭질 놀이를 하도록 하라.)

리더 1: 매일의 하루가 이 방에서 마무리됩니다. 때로는 기진해서 이 방으로 들어설 수도 있고, 때로는 내일에 대한 흥분과 설렘으로 잠 못 이룰 때도 있을 것입니다. 또한 이 침실에서 기도와 묵상으로 개인적인 시간을 수없이 보낼 것입니다. 이곳에서 서로서로, 그리고 하나님과 가장 친밀하고 내밀한 시간을 가질 것입니다.

성경 낭독: 히브리서 10장 21-22절은 이렇게 말씀합니다.
"하나님의 집 다스리는 큰 제사장이 계시매 우리가 마음에 뿌림을 받아 악한 양심으로부터 벗어나고 몸은 맑은 물로 씻음을 받았으니 참 마음과 온전한 믿음으로 하나님께 나아가자."

성경 낭독: 시편 4장 8절은 이렇게 말씀합니다.
"내가 평안히 눕고 자기도 하리니 나를 안전히 살게 하시는 이는 오직 여호와이시니이다."

리더 2: 주님, 깨어 있을 때 우리를 인도해 주시고 잠자리에 들 때 우리를 지켜 주셔서 깨어서 주와 동행하게 하시고 잠들 때 주의 평안 가운데 쉼을 누리게 해 주소서. 예수님의 이름으로 기도합니다. 아멘.

8. 게스트 룸에서

(숨어 있는 아이들을 찾았는가?)

리더 1: 친지들과 친구들이 방문하면 이 방에 짐을 풀 것입니다. 그들을 잘 대접하고 기쁘게 섬기기를 바랍니다.

성경 낭독: 로마서 15장 7절에서 바울은 이렇게 말합니다.
"그러므로 그리스도께서 우리를 받아 하나님께 영광을 돌리심과 같이 너희도 서로 받으라."

리더 2: 하나님, 이 가정을 방문한 모든 이들이 힘을 얻고 주님의 임재를 느끼게 해 주소서. 주님의 은혜와 사랑을 알게 해 주소서. 예수님의 이름으로 기도합니다. 아멘.

9. 거실로 돌아와서

리더 1: 다시 거실로 돌아왔습니다. 이 축복예배를 마무리하기 전에 우리가 여기 있는 이유에 대해 하나님의 말씀을 들어보도록 하겠습니다.

성경 낭독: 여호수아 24장 14-15장 말씀입니다.
"그러므로 이제는 여호와를 경외하며 온전함과 진실함으로 그를 섬

기라 너희의 조상들이 강 저쪽과 애굽에서 섬기던 신들을 치워 버리고 여호와만 섬기라 만일 여호와를 섬기는 것이 너희에게 좋지 않게 보이거든 … 너희가 섬길 자를 오늘 택하라 오직 나와 내 집은 여호와를 섬기겠노라."

리더 2: 하나님, 이 가정을 허락해 주셔서, 그리고 함께 해 주셔서 감사드립니다. 문 밖에서 문을 두드리며 서 계시는 주님을 외면하지 않고 언제나 우리 삶 가운데 모시기를 원합니다. 매일의 필요를 채워 주심에 감사드립니다. 이 가정을 주께 드립니다. 이곳에서 하는 모든 일거수일투족이 주께 영광과 찬양이 되기를 원합니다. 예수님의 이름으로 기도합니다. 아멘.

02. 가정에서 'WWJHMD' 하기

　1980년대 후반, 기독교적 색채가 풍기는 팔찌가 세계적으로 인기를 누린 적이 있다. 간단한 모양의 팔찌에 'WWJD'라는 글자를 새긴 것이었다. 이 글자는 "What Would Jesus Do?"(예수님이라면 어떻게 하실까?)의 약자였다. 사람들은 예수님이 사신 대로 살아야겠다는 결심을 되새기는 의미에서 이 팔찌를 착용했다.

　나는 이 팔찌의 의미를 가슴 깊이 새기면서도 두 가지 글자가 꼭 추가되었으면 좋겠다는 아쉬움이 늘 있었다. "What Would Jesus Have Me Do?"(예수님이라면 내가 무엇을 하기를 원하실까?)라는 의미의 'WWJHMD'라는 글자를 새겼더라면 하는 아쉬움이었다. 두 글귀의 차이는 상당하다. "예수님이라면 친척들을 어떻게 대하시겠는가?"라는 이 물음에는 우리 자신이 별로 개입되지 않는다. 그러나 "예수님이라면 내가 친척들을 어떻게 대하기를 원하시겠는가?"라고 묻는다면 내용이 완전히 달라진다. 이제 우리가 무엇인가를 해야 한다. 즉, "예수님이 내게 요구하시는 일을 기꺼이 하겠는가?"라는 식의 물음이 되는 것이다.

각종 펜과 다양한 크기의 포스트잇 쪽지를 이용해 'WWJHMD'를 상기시키는 문구를 작성하라. 그런 다음 집안 곳곳에 'WWJHMD' 포스트잇 쪽지를 숨겨 두라. 그 중 일부를 직장이나 학교에 가져가거나 가족이 타는 자동차에 붙여 두는 것도 잊지 말라.

03. 가족 사명 선언문

가족의 변화를 위한 또 다른 좋은 방법은 믿음의 가족으로 살아가는데 지침이 될 '가족 사명 선언문'을 작성해 보는 것이다. 아내 마리아와 나는 몇 년 전 아이오와로 가는 길에 가족 사명 선언문을 작성했다. 우리는 이 사명문을 목재판에 새겨서 거실 벽에 걸어 두었다. 다음은 우리 가정의 가족 사명 선언문이다.

• 홀맨 가족 사명 선언문 •

우리는 믿음의 가정으로서 다음의 내용을 지향한다.

1. 서로를 무조건적으로 사랑하고 지지하며 세워 주고 용서한다.
2. 재정적 의무를 다한다. 여기에는 시간과 재능과 물질을 주님께 드리는 책임도 포함된다.
3. 생각과 말과 행동으로 신앙의 모범을 보인다.

아래 과정을 활용해 각자의 가족 사명 선언문을 작성해 보라.

1. 부모로서 가족 사명 선언문에 꼭 반영했으면 하는 내용에 대해 나누라. 우리 가족을 다른 사람에게 소개할 때 어떤 내용이 들어갔으면 좋을지 숙고해 보면 선언문을 작성하는데 도움이 될 것이다.
2. 자녀들과 절대 타협할 수 없는 가치들에 대해 심도 있게 대화를 나누라. 자녀들이 이 가치들을 숙지했는지, 그리고 인정하는지 확인하라.
3. 서로 합의한 가치들과 일치하는 사명 선언문이 작성되도록 가족들을 지도하라. 이 과정에 자녀들이 동참하기를 바랄 수도 있지만 우리는 부모이고 따라서 주도적이어야 한다는 사실을 잊어서는 안 된다. 하나님은 가족을 이끌 책임을 부모에게 주셨다.
4. 다 완성되면 어린 자녀들과 함께 가족 사명 선언문 배너나 포스터를 만들어 눈에 잘 띄는 위치에 걸어 두라.

믿음이 삶이 되는 **핵심질문**

1. 우리 가정을 전혀 모르는 사람이 방문했을 경우, 우리 가정을 보고 어떤 느낌을 가질 것 같은가?

2. 내일 예수님이 우리 가정을 방문해 머무르신다면 어떤 것을 가장 먼저 바꾸고 싶은가? 오늘 이 변화를 시도하지 못하도록 막는 것은 무엇인가?

3. 오늘 가정에서 한 가지를 바꾸고 싶다면 무엇인가?

4. 가족이 합심해서 결정해야 할 어려운 선택이 있는가? 지금 온전한 마음으로 주를 섬기기 위한 도전을 받고 있는가?

5. 가족 모두가 하나님을 전심으로 섬기고 있다고 자신 있게 말할 수 있는가? 모두 지금까지 내린 결단대로 실천하며 살고 있는가?

2장
부모의 믿음이 자녀의 미래를 결정한다

교회 집무실에서 전화벨이 울렸다. 누구보다 열심히 교회생활을 하는 알란 톰슨이 걸어온 전화였다. 종종 교회에서 대화를 나누기는 했지만 그가 직접 전화를 거는 경우는 좀처럼 없었기에 무슨 일이 있음에 틀림없었다.

그는 다소 주저하더니 어렵게 말문을 열었다.

"열다섯 살 된 딸 안드레아와 문제가 좀 생겼습니다."

"문제라니 무슨 말씀인가요?"

"우리 둘은 좀처럼 대화를 안 합니다. 사사건건 서로 의견이 다르죠. 이렇게 싸우기만 하는 관계에서 벗어나려면 제가 어떻게 해야 되는지 조언을 듣고 싶습니다."

나는 전화상으로 답변할 문제가 아님을 판단하고 그의 집을 찾아갔다. 알란 부부와 두 자녀가 사는 집은 근사했다. 세속적 기준으로 보면 남부러울 것이 없는 가정이었다. 알란은 교회에서 다양한 직책을 맡아 헌신하고 있었고, 그의 아내 역시 주일학교에서 열심히 섬기고 있었다. 딸 안드레아는 청소년 사역에 열심이었고 주일학교 교사도 하고 있었다.

나는 알란과 거실에 마주 앉았다. 처음 30분 동안 알란은 안드레아가 얼마나 반항적인지 여러 사례를 들어 말해 주었다.

"더 이상 내 말은 들으려고 하지 않아요. 규칙이나 가이드라인을 제시하지만 매번 선을 넘어요. 그래서 어쩔 수 없이 싫은 소리를 하게 되지요. 또 함께 어울려 노는 친구들도 걱정스러워요. 친구들과 어울리는 시간도 제한해야 하나 고민되어요."

나는 알란이 구구절절 고민을 털어놓는 동안 속으로 전전긍긍했다. 지금 무슨 말을 해 주어야 하지? 나는 십대 자녀도 키우지 않고, 이런 상황을 경험한 적도 없지 않은가. 알란이 딸과 관련된 고민이 더 이상 생각나지 않는지 나를 보며 이렇게 물었다.

"어떻게 하면 좋겠습니까?"

나는 난감함을 내색하지 않으려 애쓰면서 하나님께 도움을 구했다. 그런 다음 알란에게 "이 문제로 안드레아와 함께 기도한 적이 있습니까?"라고 물었다. 내 생각에 이 질문은 화를 치밀게 할 정도는 아니었다. 나는 알란이 모임에서 여러 차례 기도회를 이끄는 모습을 보았고, 그의 딸도 주일학교에서 그렇게 했다. 그러나 그의 눈빛에서 나는 들어야 할 대답을 모두 들을 수 있었다.

15년 동안 알란은 유치원, 축구 연습, 피아노 교습, 심지어 교회까지 열심히 딸을 데리고 다녔다. 그러나 한 번도 딸과 기도해 본 적이 없었다. 그에게 십대 딸과 기도한다는 것은 이성의 영역을 완전히 벗어나는 일이었다.

무엇을 물려줄 것인가?

알란 톰슨의 사연은 오늘날 많은 기독교 가정이 겪는 현실을 반영한다. 교회에 다니기는 하지만 가장 중요하고 필요한 것을 집으로 가져오지는 않는다. 바로 '믿음'이다!

내가 즐겨 부르는 노래의 가사는 다음과 같다.

> 자녀들을 제대로 가르쳐 왔나요?
> 보여 주는 식의 말뿐인 인생은 아닌가요?
> 자녀들은 부모의 눈길에서 예수님의 사랑을 느끼고 있나요?
> 자녀들이 또 다른 장을 펼칠 때
> 삶으로 예수님의 사랑을 드러내는 법을
> 배웠으리라고 생각하나요?
> 자녀들을 제대로 가르쳐 왔나요?[1]

부모는 매일 자녀들에게 무엇인가를 물려준다. 자녀들은 부모 된 우리를 주시하며 배우고 닮아간다. 문제는 우리가 자녀에게 무엇인가를 계승하고 있다는 사실 자체가 아니라 구체적으로 '무엇을 계승하고 있느냐'이다. 딸에게 골프 치는 법과 농구하는 법, 자전거 타는 법을 가르쳐 준 것은 뿌듯하고 자랑스럽다. 하지만 꾸물거리며 느린 운전자들에게 짜증을 내고 교통신호를 지키지 않아도 되는 것처럼 가르쳐 준 사실은 전혀 자랑스럽지 않다. 내 딸은 겨우 아홉 살이다!

자녀들에게 읽고 쓰는 법과 예의범절을 가르치고 스포츠나 악기를 연주하는 법을 가르치는데 교사와 코치들이 중요한 역할을 한다. 하지만 배운 내용을 심화하고 체득하도록 하는 일은 가정에서 부모의 역할이 가장 중요하다.

청소년 가정 사역자로서 초창기 시절에 나는 내가 하는 청소년 사역에 많은 십대들이 동참하면 아주 뿌듯했다. 십대들에게 복음을 전하고 그들을 전도 여행과 성경 캠프로 데려가면 내 할 일이 끝났다고 생각했다. 그러던 어느 날 내가 사역하는 청소년 그룹을 대상으로 한 설문지를 받았다. '종교적으로 가장 중요한 영향력을 미치는 인물'이라는 제목으로 서치연구소에서 전국적으로 실시하는 조사였다.[2]

"문제는 우리가 자녀에게 무엇인가를 계승하고 있다는 사실 자체가 아니라 구체적으로 무엇을 계승하고 있느냐이다."

나는 내 '점수'가 더 올라갈 것이라는 전략적인 판단을 하고 전도 여행을 다녀온 직후 아이들에게 이 설문지를 나누어 주었다. 그리고 지시받은 대로 설문지를 거두어 보냈다. 결과가 나오기까지 수개월이 걸렸고, '조사 결과 동봉'이라는 문구가 찍힌 봉투를 받았던 날이 지금도 기억난다. 나는 중고등부 위원회 모임에 가는 중이었고, 이 결과가 네게 좋은 기회가 될 것이라고 생각했다. 존경받는 청소년 가정 사역자로서 당연히 내가 영향력 1순위일 것이라고 생각했다. 심지어 이 결과가 사례비를 인상해 달라는 내 요구에 힘을 실어 주지 않을까 은근히 기대하는 마음도 있었다.

나는 회의실에 앉아 그 봉투를 뜯어 결과를 읽기 시작했다. 조사에 따르면 오늘날 기독교인 십대들에게 종교적으로 가장 영향력 있는 인물은 바로… '어머니'였다. 당혹스러웠지만 이 세상에 어머니를 대체할 사람은 없다고 재빨리 스스로를 위로했다. 그리고 다음 결과를 읽었다. 오늘날 기독교인 십대들에게 종교적으로 가장 영향력 있는 두 번째 인물은… '아버지'였다.

이번에는 속이 쓰렸다. 그동안 나는 십대들의 아버지들과 두루 흉허물없이 지냈고, 그들보다 내가 그들의 자녀들과 많은 시간을 함께했다고 생각했다. 그런데 어떻게 나보다 아버지를 영향력 있는 인물로 꼽을 수 있다는 말인가?

세 번째로 영향력 있는 인물은 '할아버지'였고, '친구들'과 '형제들'이 그 뒤를 이었다. 나는 그 결과를 읽으면서 점점 더 침울해졌다. '교회의 청소년 그룹 리더'는 명단 하위에 자리하고 있었기 때문이다. 나는 자녀들의 신앙에 가장 중요한 영향력은 '부모'에게 있다는 사실을 인정할 수밖에 없었다. 그리고 청소년 사역자들보다 더 영향력 있는 인물이 많다는 사실도 인정했다.

〈개신교 교단 청소년들을 대상으로 실시한 종교적 영향력이 가장 큰 인물 조사[3]〉

종교적 영향력이 가장 큰 인물	영향력 상위 5 중 한 대상의 영향력 정도							
	학년						성별	
	7학년	8학년	9학년	10학년	11학년	12학년	남	여
어머니	87	75	77	72	75	75	81	4
아버지	64	51	55	49	57	51	61	50
조부모	36	28	29	34	27	22	30	29
친척	11	12	14	16	12	7	30	29
형제자매	22	14	13	13	15	14	18	14
친구	22	24	28	25	31	31	2	29
목회자	60	56	49	45	36	49	7	44
교회 캠프	23	30	26	25	23	23	20	28
영화배우나 가수	3	3	4	4	2	2	4	3
교회 기독교 교육	23	30	25	25	31	25	26	26
주일학교 교사	29	27	17	23	20	23	26	21
교회 청소년 모임	25	25	32	33	33	34	30	30
교회 청소년 그룹 리더	13	11	20	17	17	15	15	16
교회 밖 청소년 모임	3	6	2	3	4	5	4	4
교회 밖 청소년 그룹 리더	2	1	1	3	4	4	2	3
성경	25	30	27	23	16	26	24	25
그 외 읽은 책	2	3	4	4	3	4	3	4
기도	9	15	15	16	20	18	11	19
학교 교사	3	5	2	2	3	6	3	4
부흥회나 집회	3	3	4	4	5	4	3	4
TV나 라디오의 전도자	2	·	1	·	·	·	1	1
교회 예배	10	10	10	16	14	15	12	13
생활 속의 하나님	3	3	11	11	13	13	8	13
봉사 모임	·	1	4	2	5	5	3	3
선교나 전도 여행	0	0	·	0	1	1	·	·
수련회	7	12	16	20	17	18	11	17
코치	2	2	3	3	4	4	4	2
교회 음악	11	12	8	9	11	6	7	12

※교단과 교회 규모를 기준으로 주류 개신교(CC, ELCA, PCUSA, UCC, UMC) 청소년을 조사 대상으로 한정했음.

청소년 가정 사역자로서 이 조사결과를 인정하기란 쉬운 일이 아니었다. 나는 누구보다 열심히 전도 여행을 이끌었고 찬양을 인도했으며 주일학교 프로그램을 지도하는 법을 훈련받아 가르쳐 왔다. 그러나 어느 누구도 부모들이 자녀들에게 신앙을 계승하도록 준비시키는 법을 내게 가르쳐 주지 않았다. 영성지도센터(pathway center for christian spirituality)의 책임자 머조리 톰슨도 내가 현장에서 습득한 사실을 그대로 지적했다.

"교회 전문가들은 아이가 가정에서 기본적인 신앙 양육을 받지 않는다면 아무리 탁월한 교사와 커리큘럼이 있어도 별다른 영향을 받지 못한다는 사실을 점차 깨달아 가고 있다. 교회에서 일주일에 한 번 신앙적 환경에 노출되는 정도로는 인격적 형성을 결정짓는 매일의 경험을 절대 뒤집을 수 없다."[4]

여론 조사 전문가인 조지 바나의 지적대로 "의도적이든 아니든 교회가 가정이 책임져야 할 자녀의 신앙 양육 의무를 떠맡을 경우, 가정이 마땅히 져야 할 성경적 책무를 외면하고 교회에 의존하는 건강하지 못한 태도를 조장하게 된다."[5] 마틴 루터는 그것을 이렇게 표현한다.

"부모는 자녀들에게 '사도이고 주교이고 제사장'이 되어야 마땅하다. 자녀들이 복음과 친숙하도록 돕는 일은 그들의 책임이다."[6]

그리고 무엇보다 성경은 자녀들에게 신앙을 계승하는 것이 부모의 책무이자 영광스러운 특권임을 분명히 한다(신 6:6-7 참조). 당신의 가정이 교회이다!

말뿐인 신앙인가, 행동하는 신앙인가

얼마 전 십대 자녀들과 그들의 부모를 대상으로 강연을 진행한 적이 있다. 나는 강연을 시작하기 앞서 몇 가지 질문을 던졌다.

"열두 제자 중 한 사람의 이름을 댈 수 있는 사람은 손을 들어 보십시오."

강연장의 거의 모두가 손을 들었다.

"주변에 예수 그리스도의 제자라고 부를 수 있는 사람의 이름을 댈 수 있는 사람은 손을 들어 보십시오."

그러자 약 절반이 손을 들었다.

"예수 그리스도를 구세주로 믿는 사람은 손을 들어 보십시오."

역시 모두가 손을 들었다. 그런 다음 십대 자녀들과 부모들을 서로 마주보게 한 후 이 말을 들려주었다.

"지금 마주 보고 있는 사람, 즉 예수 그리스도를 구세주로 믿는다고 고백한 그 사람이 예수 그리스도의 제자임을 명심하십시오."

그때 사람들이 약간 웅성거리기 시작했다. 맨 앞줄의 한 청소년은 손가락으로 아버지를 가리키며 큰 소리로 "아니에요. 우리 아빠는 절대 아니에요"라고 소리치며 자신의 아버지가 그리스도의 제자일 리만무하다고 계속 성토했다.

솔직히 나는 이런 반응을 유도하려고 말한 것이 아니었다. 그러나 그 십대의 행동을 통해 강력하고 의미심장한 메시지를 전달받았다. 그것은 바로 우리 자녀들은 부모인 우리가 믿음을 말로만 떠들지 않고 실제로 행동으로 실천하는지 늘 주시하며 지켜보고 있다는 사실이다.

신앙 교육의 책임은 누구에게 있는가

오늘날 많은 부모들이 자녀들의 '주교와 사도와 제사장'이 되는, 즉 자녀 양육의 책임을 '교회 전문가들'에게 미루고, 그 역할의 본이 되려는 노력을 게을리하고 있다. 이런 식으로 행동하는 이유는 무엇인가?

부모들이 자녀들을 신앙으로 양육하는데 적극적이고 주도적으로 나서지 않는 한 가지 이유는 어릴 때부터 그리스도를 가정의 주인으로 모시는 일이 어떤 것인지 경험해 본 적이 없기 때문이다. 알란 톰슨의 경우도 마찬가지였다. 그는 딸과 기도하기를 일부러 기피한 것이 아니었다. 누구도 그에게 그런 모습을 보여 준 적이 없었기 때문이다. 많은 부모들이 자녀의 신앙 교육을 외면하는 이유, 그것은 단지 방법을 알지 못하기 때문이다.

그러나 부모들이 자녀들의 신앙 교육 책임을 교회에 미루는 더 큰 이유는 교회가 그렇게 할 능력이 있었기 때문이다. 1960년대와

70년대에 교회는 주일학교와 청소년 사역으로 기독교 교육의 폭발적 성장세를 보였다. 동시에 사회가 과학기술시대로 접어들면서 가정들은 더 바빠지기 시작했다. 노동 시간이 증가하고 더 많은 여성들이 일터로 나왔다. 교회가 어린이들과 십대들을 대상으로 사역을 시작하자 부모들은 이것을 기독교 교육과 오락 시간을 모두 충족시킬 수 있는 기회로 여기고 자녀들을 교회에 데려다 주는 수고를 마다하지 않았다. 솔직히 많은 부모들이 교회의 신앙 교육 덕분에 자녀들을 돌보는 부담을 어느 정도 덜고 쉴 틈을 낼 수 있었다.

의도는 좋았지만 이후 많은 부모들이 이런 프로그램들을, 신앙 양육의 책임을 교회에 미루는 기회로 오해하기 시작했다. 부모들은 자녀들을 교회에 내려놓으며 "자, 여기 왔습니다. 아이들에게 신앙을 가르쳐 주세요. 한 시간 후에 데리러 오겠습니다"라고 말했다.

물론 교회가 이런 프로그램들로 자녀들을 신앙으로 양육해야 할 부모의 책임을 대신하겠다고 의도한 것은 아니었다. 그러나 의도하든 하지 않았든, 지난 30년에서 40년 동안 일련의 운동은 가정이 일차적인 신앙 양육 장소로 기능하지 못하도록 막는 부작용을 초래했다. 여론 조사 전문가 조지 바나는 이렇게 지적한다.

"대다수 교회들이 자녀를 신앙으로 양육하는 가정의 역할을 빼앗고 전적으로 의존하도록 만들어 건강하지 못한 모습을 조장했다. 이러한 비성경적 과정을 영속화시킨 책임이 교회에게 있다."[7]

'부모들의 자녀 교육 책임을 떠맡는' 방식으로 교회가 몇 년간은 바쁘게 돌아갈지 모른다. 하지만 그 자녀의 신앙이 성인기까지 이어지지 않을 가능성이 크다. 한 수련회에서 전국 청소년 목회 전문가 도슨 맥칼리스터는 "고등학교 청소년 모임에서 적극적으로 활동한 90퍼센트의 아이들이 대학교 2학년이 되면 교회에 다니지 않는다"[8]고 지적했다. 그들이 교회로 돌아가지 않는 이유는 믿음이 제대로 형성되지 않았고, 가정에서 삶으로 체현되지 않았기 때문이다. 심지어 그들 중에는 신앙이 위선적이라고 생각하는 이들도 적지 않다. 교회에서 보이는 부모들의 태도가 가정에서 보이는 모습과 완전히 다르기 때문이다. 그러면 청년기가 되어 "기독교가 원래 그렇다면 난 기독교와 엮이지 않겠어"라고 결론을 내리는 것이다.

믿음은 '나'로부터 시작한다

자녀들의 삶에 변화가 일어나는 믿음을 갖기 원한다면, 부모들이 가정에서 예수 그리스도와의 인격적 관계로 신앙의 모범을 보여야 한다.

신명기 6장 4-6절은 이렇게 말한다.

> "이스라엘아 들으라 우리 하나님 여호와는 오직 유일한 여호와이시니 너는 마음을 다하고 뜻을 다하고 힘을 다하여 네 하나님 여호와를 사랑하라 오늘 내가 네게 명하는 이 말씀을 너는 마음에 새기고"

모세가 이 단락에서 말하는 대상은 '가정들'이다. 그는 우리로 하나님만 섬기는 가정을 꾸리도록 초청한다. 이 구절을 다시 읽고 가장 자주 반복되는 단어가 무엇인지 살펴보라. 가정이 성공할 수 있는 열쇠는 우리를 그분의 형상으로 기이하고 특별하게 만드신 하나님, 즉 성부, 성자, 성령 하나님이 계심을 인정하는 것이다. 그러나 하나님이 아무 이유 없이 우리를 창조하지는 않으셨다. 하나님은 우리를 사랑하셔서 자신의 독생자 아들을 보내어 우리 대신 죽게 하심으로 우리가 평안과 소망과 확신으로 가득한 새 생명을 누릴 수 있도록 하셨다. 우리와 우리 가정의 성공은 하나님이 우리 삶을 다스리시고 가정의 중심이 되시도록 하는 적극적인 태도에서 출발한다.

예전에 데이비드 앤더슨과 함께 '십대들의 신앙 양육'이라는 제목으로 워크숍을 진행한 적이 있다. 나는 부모들이 오늘날 공통으로 다루어야 하는 문제들뿐 아니라 십대들의 특성을 알아보도록 돕는 것으로 서두를 열었다. 그런 다음 앤더슨 박사가 한 걸음 더 나아가 부모들에게 "여러분 중에 십대 자녀들이 더 강한 믿음을 가졌으면 하고 바라는 분들이 얼마나 되십니까?"라고 물었다. 강의실의 부모들이 모두 손을 들었다. 그러자 그는 절대 잊지 못할 말을 했다.

"우리의 십대 자녀들이 더 강한 믿음을 가졌으면 하고 모두가 원한다는 것은 바람직한 일입니다. 하지만 실제로 십대 자녀들의 믿음은 부모인 우리 자신의 믿음이 투영되어 있습니다. 그러니 문제는 자녀들의 믿음이 아니라 바로 여러분의 믿음입니다."

이것은 중요한 질문과 연관이 있다.

"우리 인생에서 그리스도의 위치는 어디쯤인가? 그분이 우리 삶의 중심에서 우리가 내리는 결정과 생활 방식에 실제적인 영향을 미치고 계시는가, 아니면 문 밖에 서서 여전히 두드리고 계시는가?"

이 질문에 대한 답이 정말 중요한 이유는 우리 가족의 운명과 직결되는 일이기 때문이다. 우리는 누구나 가족이 잘되기를 원한다. 실제로 오늘날 부모들은 과거에 그들이 자랄 때보다 부모로서 더 훌륭한 역할을 하고 더 건강한 가족을 만드는 일에 그 어느 때보다 열심이라고 생각한다. 청소년 가정 사역자 마크 데브리스는 이렇게 말했다.

> "자녀들이 중요한 인생의 결정과 삶의 태도에 변화가 일어나는 믿음을 갖기 원한다면, 부모들이 가정에서 예수 그리스도와의 인격적 관계로 신앙의 모범을 보여야 한다."

"15년간 가정 사역을 해 오면서 지금 이 시대보다 도움의 손길을 절실히 원하는 부모들을 본 적이 없다. 그들은 자녀들과 더 많은 시간을 보내기를 원한다. 부모로서 더 잘 준비되어야 할 필요성을 절감하고 있다."[9]

그렇다면 기회가 있다. 문을 열고 예수님이 우리 삶과 가정 속으로 들어오시도록 초청하면 그 일이 시작된다.

홀먼 헌트가 그린 "세상의 빛"(The Light of the World)이라는 제목의 명화의 복사판을 본 기억이 있다. 예수님이 문 밖에서 문을 두드리며 서 계시는 모습을 그린 그림이었다. 포도 넝쿨이 기둥을 휘감고 있고 문은 한동안 열린 적이 없는 듯 보였다. 헌트가 처음 그 그림을 공개했을 때 한 비평가는 문손잡이를 그리지 않았다고 지적했다. 화가는 실수를 한 것이 아니라 손잡이가 문 안에만 있기 때문이라고 대답했다.

우리에게는 우리 마음의 문을 두드리고 계시는 분이 있다. 그분은 늘 그곳에 서 계셨고, 우리가 문을 열 때까지 그곳에서 기다리고 계신다.

> "볼지어다 내가 문 밖에 서서 두드리노니 누구든지 내 음성을 듣고 문을 열면 내가 그에게로 들어가 그와 더불어 먹고 그는 나와 더불어 먹으리라"(계 3:20).

하나님은 우리가 우리 가족을 도와달라고 요청할 때까지 기다리고 계신다. 그분은 우리 가족이 인생의 희로애락을 무사히 통과하는 데 필요한 모든 것을 갖고 계신다. 그분은 관계를 새로 구축하시고 상처를 싸매시며 아무리 절망적인 상황이라도 희망을 주실 수 있다. 억지로 우리 인생에 끼어드시지는 않지만 포기하지 않고 우리 인생의 문 밖에 서서 문을 두드리며 기다리고 계신다.

강조하고자 하는 핵심은 이것이다. 우리 가정의 변화는 우리 마음의 변화에서부터 시작한다는 것이다. 우리 자녀들이 그리스도와 인격적 관계를 누리기를 바란다면 부모인 우리가 먼저 그리스도와 인격적 관계를 누려야 한다. 하나님이 우리 가정을 완전히 바꾸어 주시기를 원한다면 먼저 우리부터 변화되어야 한다. '머리'로만 하나님을 아는 차원에서 나아가 '마음'으로 하나님과 인격적 관계를 견고히 해야 한다. 그럴 때 비로소 하나님은 우리 인생의 태도와 자녀 양육 방식, 인생의 중요한 결정을 내리는 과정에 영향을 미치시게 된다.

머리에서 마음까지의 거리는 15센티미터에 불과하지만 도달하기에 가장 어렵다는 말이 있다. 그러나 우리는 머리에서 마음까지 도달하는 과정에서 인생의 짜릿함을 경험할 수 있다. 그래서 지금부터 비유를 통해 머리에서 마음으로 신앙이 자랄 수 있는 방법을 살펴보고자 한다. 바로 급류 래프팅 경험으로 말이다.

인생의 여정을 어떻게 헤쳐 갈 것인가

급류 래프팅은 정말 짜릿하고 흥분되는 멋진 놀이이다. 래프팅 도착지에 도달하면 버스에 실려 천천히 가파른 경사로로 올라가 출발점에 이르게 된다. 산으로 올라가는 길이 강을 내려다보고 있기 때문에 끝없이 산으로 올라가는 듯한 과정에서 곧 래프팅을 하며 내려가야 할 거대한 암석과 가파른 폭포, 물살이 급한 여울과 완만한 커브 등의 장면이 한눈에 들어온다. 무섭게 흘러내리는 강을 보노라면 스스로에게 계속 묻게 된다.

"대체 내가 무슨 짓을 하려는 거지? 정말 내가 해 낼 수 있을까?" 오늘날 많은 부모들을 괴롭히는 생각과 두려움도 이와 비슷하다. "지금 내가 왜 이렇게 된 거지? 정말 내가 해 낼 수 있을까?"

오늘날 모든 부모에게는 두려움이 있다. 그러나 하나님은 우리의 두려움을 아시고 이 여정에 필요한 모든 것을 다 예비해 두셨다.

강의 지도- 성경: 내가 래프팅의 공포감을 극복한 한 가지 방법은 앞서 동일한 코스를 거친 많은 사람들이 다 무사했다는 사실을 확인하는 것이었다. 나는 버스에서 내려 강을 타고 무사히 래프팅을 끝낸 사람들의 사진과 비디오를 보았다. 벽에는 강의 상태와 위험 지역의 위치를 지속적으로 업데이트 해 놓은 거대한 지도가 걸려 있었다. 나는 지도와 사람들이 찍은 사진과 영상을 보는 것만으로도 안도감이 생겼다.

이와 마찬가지로 성경을 통해 우리는 앞서간 사람들의 사례들로부터 많은 것들을 배울 수 있다. 성경은 인생의 강을 안내해 줄 믿을 만한 지도가 되어 준다. 성경을 읽을수록 문제가 되는 영역과 그 영역을 피하거나 잘 감당하는데 필요한 것이 무엇인지 정확히 파악할 수 있다. 시편 119편 105절은 그것을 한마디로 "주의 말씀은 내 발에 등이요 내 길에 빛"이라고 표현한다.

사탄은 우리가 성경 읽기를 바라지 않는다. 성경을 읽으면 신앙 여정이 더 수월해질 수 있음을 알고 있기 때문이다. 사탄은 우리가 바쁘게 사느라 하나님의 말씀에 시간을 투자할 수 없도록 만들고자 무슨 짓이든 할 것이다. 우리가 읽고 신뢰하며 따르지 않는 이상 성경은 있어도 전혀 도움이 되지 않는다는 것을 알고 있는 것이다. 야고보 사도는 "너희는 말씀을 행하는 자가 되고 듣기만 하여 자신을 속이는 자가 되지 말라"(약 1:22)고 당부한다.

래프팅 가이드- 예수 그리스도와 성령: 사진과 영상, 지도를 꼼꼼히 살펴본 후, 래프팅 가이드를 소개받았다. 그는 15년 이상 가이드 생활을 했고 래프팅 경험이 200회 이상이라고 말했다. 나는 그 말에 더 없이 안심이 되었다. 안도감을 주기에 매우 적절한 말이었다. 또한 "저도 보트를 타고 여러분을 이끌고 내려갈 겁니다"라는 말도 마음의 두려움을 없애 주었다. 만약 그가 "행운을 빌어요. 잘 해 내시기를!"이라고 말했다면 어떠했겠는가. 그러나 가이드는 함께 보트에 타서 우리가 가야 할 방향을 놓치지 않도록 인도해 주었다. 큰 소리로 지시를 하거나 우리가 소심한 모습을 보이면 격려를 아끼지 않았고 우리가 무사히 잘 해 내면 함께 기뻐해 주었다.

성경은 하나님이 우리에게 갈 길을 알려 주며 영원으로 인도해 주신다고 말한다. 그 가이드는 바로 '예수 그리스도'이다. 요한복음 14장 6절에서 예수님은 "내가 곧 길이요 진리요 생명이니 나로 말

"마음을 다해 진정으로 하나님을 의지한다면 그분의 음성을 듣고 그분의 말씀대로 하게 될 것이다."

미암지 않고는 아버지께로 올 자가 없느니라"고 말씀하셨다. 우리는 그분을 따라가기만 하면 된다. 하나님은 또한 성령을 보내셔서 그로 우리 안에 거하시며 인도해 주도록 하신다. 사도 요한은 "보혜사 곧 아버지께서 내 이름으로 보내실 성령 그가 너희에게 모든 것을 가르치고 내가 너희에게 말한 모든 것을 생각나게 하리라"(요 14:26)고 말했다.

"그러나 진리의 성령이 오시면 그가 너희를 모든 진리 가운데로 인도하시리니"(요 16:13).

성령님은 우리의 인생 내비게이션이 되어 주기를 원하신다. 하루 24시간, 한 주 7일 내내 우리를 인도해 주기를 원하신다. 이사야 30장 21절은 "너희가 오른쪽으로 치우치든지 왼쪽으로 치우치든지 네 뒤에서 말소리가 네 귀에 들려 이르기를 이것이 바른 길이니 너희는 이리로 가라 할 것이며"라고 말한다. 마음을 다해 진정으로 하나님을 의지한다면 그분의 음성을 듣고 그분의 말씀대로 하게 될 것이다.

고무 보트– 교회: 급류 래프팅용으로 만들어진 보트는 강을 안전하게 내려오도록 디자인된 것이었다. 그러나 나는 보트를 처음 보았을 때 '저걸 타고 강을 안전하게 내려갈 수 있다고?'라는 의문이 들었다.

보트는 낡고 닳았으며 수많은 고무조각이 덕지덕지 덧대어 있었다. 그래서 안전하게 급류를 타고 내려갈 수 있으리라는 확신이 서지 않았다. 그러나 겉모양과 달리 보트는 강을 무사히 타고 내려오는데 아무 지장이 없었다. 생각했던 것보다 훨씬 더 튼튼했고 우리를 안전하게 지켜 주었다.

"낡고 닳았으며 수많은 조각이 덕지덕지 덧대어 있다"라는 표현은 일부 사람들이 지역 교회를 가리켜 쓰는 표현이다. 때로 지역 교회는 시대에 뒤떨어지고 '수리'가 필요해 보인다. 지역 교회에 죄인들이 가득하다는 사실이 더해지면 "정말 내게 도움이 되겠어?"라고 사람들이 의심해도 전혀 놀랍지 않다.

그러나 이러한 불완전함과 결함에도 불구하고 교회는 하나님이 성별해 세우신 그리스도의 몸이다. 하나님은 우리가 인생의 고비와 기복을 잘 헤쳐 가도록 교회를 만드셨다.

> "우리가 한 몸에 많은 지체를 가졌으나 모든 지체가 같은 기능을 가진 것이 아니니 이와 같이 우리 많은 사람이 그리스도 안에서 한 몸이 되어 서로 지체가 되었느니라"(롬 12:4-5).

마음으로 그리스도께 헌신하고 있는가? 그리스도의 신부인 교회와 관계를 맺고 있는가? 아니면 의무감으로 단순히 '교회 일을 하는 데' 집중하고 있는가?

교회가 가정의 변화와 어떻게 연관되는지는 5장에서 더 상세하게 살펴볼 것이다.

급류를 타는 일행– 인생의 어려움을 함께 하는 사람들: 내게는 지도와 가이드, 보트가 있었다. 그러나 함께 급류를 탈 사람들이 필요했다. 사람들을 모아 함께 보트에 탔을 때 이런 생각이 들었다.

'이게 무슨 말도 안 되는 상황인가. 이 사람들은 분명히 래프팅 경험이 없다. 그리고 이렇게 마구잡이로 뒤섞인 사람들이 무사히 강을 내려가기란 불가능하다. 다 죽고 말 것이다.'

물론 내 생각은 틀린 것이었다. 실제로 내가 보트 밖으로 떨어지자 우리 일행은 나를 끌어올려 주었다.

서문에서 나는 마리아와 내가 위험을 무릅쓰고 우리 교회의 한 부부 소모임에 참여했다는 점을 언급한 적이 있다. 처음에는 그들과의 만남이 긴장되었지만 9년이 지난 지금은 2,000마일 이상이나 떨어져 있어도 한가족처럼 느껴진다. 우리는 함께 울고 웃으며 실직과 암, 가정의 여러 위기, 우울증, 이사와 같은 여러 상황을 함께 이겨냈다. 육아의 짐을 함께 지는 법을 배웠고, 한마음이 되어 우리 가정의 중심에 하나님을 모시는 법을 배웠다. 처음 모임을 시작할 때는 우리가 정확히 어떤 일을 할지 전혀 몰랐다. 하지만 이제 서로가 없다면 어떻게 살아갈 수 있을지 생각하기도 싫다.

하나님은 우리와 우리 가정이 제각기 서로 무관하게 인생을 살아가도록 만드시지 않았다. 히브리서 10장 25절은 "모이기를 폐하는 어떤 사람들의 습관과 같이 하지 말고 오직 권하여 그 날이 가까움을 볼수록 더욱 그리하자"고 말한다. 요한복음 13장 34-35절은 서로를 격려하는 법을 강조한다.

"새 계명을 너희에게 주노니 서로 사랑하라 내가 너희를 사랑한 것 같이 너희도 서로 사랑하라 너희가 서로 사랑하면 이로써 모든 사람이 너희가 내 제자인 줄 알리라."

예수님은 열두 제자들을 부르시는 것으로 사역을 시작하셨다. 제자들은 예수님과 함께 하면서 예수님을 머리로 아는 단계를 넘어 가슴으로 아는 단계로 발전했다. 심지어 그분을 위해 기꺼이 목숨을 버릴 수 있는 단계로까지 성장했다. 진심으로 믿음의 성장을 원한다면 함께 삶을 살아갈 사람들을 찾아내기를 바란다.

만약 당신이 섬기는 교회가 소그룹 사역을 하지 않는다면, 인생 주기가 비슷한 사람이나 부부를 두세 사람 찾아 일주일에 한 번이나 한 달에 한 번 모이는 소모임을 결성하고 참가할 의향이 있는지 물어보라.

"오늘날 한 가정을 이룬다는 것이 정말 어렵다고 생각해요. 저희 가정과 유사한 문제나 도전을 안고 있는 몇몇 가정과 함께 모임을 가져 서로 배워 나갔으면 좋겠는데, 함께 모임을 해 보면 어떨까요?"

급류 타기- 인생 여정: 우리 일행은 래프팅을 하면서 온갖 경험을 했다. 편하고 수월하게 강을 타고 내려가면서 느긋하게 경치를 즐기기도 했고, 급류 한가운데 휘말려 필사적으로 노를 젓기도 했다. 또한 두려워서 포기하고 싶은 마음이 굴뚝같았던 적도 여러 번 있었다. 그러나 우리는 그 모든 과정을 모두 견뎌내었다. 마침내 우리는 무사히 래프팅을 마치며 "우리 인생의 래프팅도 이랬어요"라고 말했다.

마찬가지로 오늘날 가정에게 인생의 급류 타기는 매우 두렵고 어려울 수 있다. 편안하고 형통하게 상황이 흘러갈 때도 있겠지만 수많은 여울과 암석을 만날 수도 있다. 때로 포기하고 싶다는 마음이 들지도 모른다. 그러나 마음 깊이 주님을 향한 흔들리지 않는 믿음과 헌신의 태도를 견지한다면, 언젠가 가족과 함께 인생의 여정을 되돌아보며 "우리 인생의 래프팅이 그랬었지"라고 말할 날이 올 것이다.

믿음이 시작되는 **핵심포인트**

- 부모는 자녀들의 신앙 성장에 가장 중요한 영향을 미치는 인물이다. 부모가 미치는 영향력은 교회의 어떤 프로그램이나 사역보다 두 배 이상 크다.

- 자녀의 신앙은 부모의 신앙을 반영한다. 자녀들이 견고한 신앙을 갖기를 원한다면, 부모가 먼저 그리스도와 지속적이고 견고한 관계를 유지하는지 스스로를 돌아보아야 한다.

- 하나님은 믿음이 성장하고 견고해지는데 필요한 모든 것을 우리에게 예비해 주셨다. 성경, 예수님, 성령님, 교회, 그리고 믿음의 형제자매들이다.

- 그리스도는 우리로 인생의 급류 타기를 하게 하신다. 그것을 감당할 의지가 있는가? 우리의 결정은 우리 자신에게 영향을 미칠 뿐 아니라 자녀들과 그들의 자녀들에게까지 영향을 미친다.

믿음이 성장하는 **가족활동**

01. 그리스도를 삶의 중심에 모시기(부모 대상)*

그리스도를 삶의 중심에 모시는 일이 얼마나 중요한지 깨달았기를 기도한다. 아직 그리스도를 인생의 주인으로 모시지 않았다면 당신의 삶에 그분을 초청할 기회를 마련해 주고 싶다.

예수님은 문을 억지로 열어젖혀 우리 삶에 들어오지 않으신다. 우리는 다음과 같은 기도를 진지하고 솔직하게 드림으로써 그분을 초청할 수 있다.

> 사랑하는 예수님, 그동안 제 마음 문 밖에 서 계셨음을 압니다. 제가 문을 열어 드리기까지 참고 기다려 주셔서 감사합니다. 너무나 오랫동안 주님을 문 밖에 세워 두어 죄송합니다. 지금까지 세상의 방식을 따라 살아왔지만 이제 주의 방식대로 살고 싶습니다. 제 인생의 문을 주께 열어 드립니다. 예수님, 제 인생에 들어오셔서 구주가 되어 주소서. 저를 인도해 주소서. 예수님, 제 인생뿐 아니라 제 가족의 인생도 인도해 주시기를 구합니다. 예수님의 이름으로 기도합니다. 아멘.

지금 이 기도를 드렸다면, 당신과 당신 가정이 새롭게 시작할 수 있는 기회를 얻은 것이다. 이제 이전과 완전히 다른 인생을 살 것이다! 자녀들이 부모에게 배우듯이 예수님에게 배울 수 있는 문이 열릴 것이다. 그분의 열정이 당신의 열정이 되고, 그분의 능력이 당신의 능력이 될 것이다. 그분이 사랑하시는 것을 당신도 사랑하게 될 것이다. 마치 우리 딸이 꼭 나처럼 페퍼로니 피자에 소금을 쳐서 먹는 법을 배우듯이 말이다. 이것은 하나님이 당신의 인생과 가족의 삶에 이루고자 하시는 변화의 역사가 시작됨을 말한다.

인생의 급류 타기를 준비하라!

---

*가족활동은 대부분 가족이 함께 수행해야 하지만 2장에서 첫 두 활동은 부모들만이 대상이다. (십대 자녀가 있다면 두 번째 활동에 참여할 수 있다.)

02. 나의 신앙여정 돌아보기 (부모 대상)

나의 신앙 여정의 현재 위치를 평가하는 시간을 가지라. 아래 목록을 모두 읽고 해당하는 평가 항목 옆에 표시를 하라. 새로 시작하고 싶은 평가 항목이 있다면 그 옆에 별 표시를 하라. 모두 마친 후 그 결과를 가지고 배우자와 대화하라.

☐ 성경을 읽으면서 앞서간 믿음의 성도들로부터 격려와 용기를 얻고 있다.

☐ 예수 그리스도를 의지하며 성령님께서 인생길을 인도해 주시고 이끌어 주시도록 기도하고 있다.

☐ 지역 교회에 적을 두고 헌신하고 있다. 여러 부족한 모습이 있지만 이 여정을 걸어가는데 필요한 것이 여전히 교회에 있다고 인정한다.

☐ 나와 함께 이 신앙의 여정을 하는 믿음의 성도들이 있다.

☐ 나의 신앙 여정의 현재 위치

_____ 편안하고 쉬운 지점에 있다.

_____ 급류가 휘몰아치는 소리가 들리고 두려움을 느낀다.

_____ 급류의 한가운데 있다.

____ 정면으로 부딪혀야 하는 큰 암석이 보인다.

____ 급류가 무섭게 흘러나오고 있다.

____ 포기하고 싶다는 사탄의 유혹을 받는다.

____ 여정의 마지막이 가깝다. 마지막에서 나는 다시 새로운 여정을 시작할 준비가 되어 있다.

03. 서로의 모습에서 그리스도의 모습 찾기

가족 모두 식탁에 둘러앉아 받은 종이 맨 위에 다음 문장을 쓴다.

"나는 _____(내 이름)에게서 그리스도의
_____ 한 모습을 본다."

모두가 준비되면 각기 자기 이름이 적힌 종이를 왼쪽 사람에게 넘겨주라. 그리고 60초 동안 마음에 떠오르는 내용으로 문장을 완성하라. 60초가 지나면 종이를 다시 왼쪽 사람에게 전달해 자기 종이를 돌려받을 때까지 이 과정을 계속하라. 그런 다음 앉은 순서대로 돌아가며 가족이 쓴 내용을 각자 읽도록 하라.

04. "패션 오브 크라이스트" 관람하기

오늘날 우리는 그리스도께서 지상 사역을 하신지 2천 년이 지난 시대를 살고 있다. 대부분 우리는 2년 전에 일어난 일도 아득히 먼 일처럼 느끼는데 하물며 2천 년 전의 일은 더욱 그럴 것이다.

영화 "패션 오브 크라이스트"는 그리스도께서 행하신 일을 매우 정확하고 생생하게 묘사해 엄청난 반향을 불러일으켰다. 내가 다니는 교회에서는 다섯 번이나 상영을 했고 그때마다 모두 만석이었다. 나는 이 영화를 본 많은 사람들이 머리로만 아는 신앙(지식)에서 가슴으로 느끼는 신앙(개인적이고 헌신적인 신앙)으로 변하는 모습을 지켜보았다. 그리스도께서 자신들을 위해 행하신 일의 실체를 직접 눈으로 목도할 수 있었기 때문이다. 어떤 사람은 내게 이렇게 말했다.

"이 영화를 보기 전에는 내가 그리스도를 얼마나 멀리 떠나 있었는지 전혀 몰랐습니다."

미리 경고하는데 이 영화는 절대로 쉽게 볼 수 있는 영화가 아니다. 가족과 함께 이 영화를 보기를 추천하지만 12세 이하 자녀들에게는 추천하지 않는다. 2005년에 재편집 된 영화 역시 매우 생생한 장면들이 그대로 등장한다.

영화를 본 다음 이후의 이야기를 알고 싶다면 요한복음 20장을 읽으라. 가족과 함께 개인적으로 가장 인상적이었던 부분에 대해 나누라. 영화를 보고 스스로 대답하기 어려운 의문들이 생긴다면 그 내용을 적은 후 목사님을 가정으로 초청해 함께 그 문제들을 주제로 대화해 보라.

믿음이 삶이 되는 **핵심질문**

1. 당신이 가장 크게 두려워하는 일과 가장 간절히 바라는 일은 무엇인가?

2. 자녀들에게 무엇을 물려주고 있는가? 자녀의 행동과 태도에서 당신과 닮은 것은 무엇인가?

3. 이 장에서 나는 데이비드 앤더슨 박사의 "우리 십대 자녀들의 신앙은 우리 부모의 신앙이 반영된 것이다"라는 말을 인용했다. 자녀의 행동이 부모의 신앙이 반영된 결과물이라는 말을 들을 때 어떤 생각이 드는가?

4. 지금 당신과 그리스도와의 인격적 관계는 어떠한가? 예수님이 지금도 문 밖에서 두드리고 계시는 중인가, 아니면 그분을 인생의 주인으로 초청하여 모시고 있는가? 머리로만 아는 신앙인가, 아니면 가슴으로 느끼는 신앙인가?

5. 소그룹의 다른 지체들과 함께 두 번째 활동의 결과를 나누라. 진전이 보이는 부분은 무엇인가? 새롭게 시작해야 할 부분은 무엇인가?

3장

자녀의 믿음을 세우기 원한다면 T.R.A.I.N. 하라

십대 자녀가 있거나 최근 쇼핑몰에 다녀온 적이 있다면 요즘 십대들이 부모 세대와는 매우 다른 음악적 취향을 가지고 있음을 알 것이다.

다음은 롭의 이야기이다. 그는 십대 아들이 듣고 있는 음악이 나쁜 영향을 끼칠까 봐 염려가 되었다. 언제부턴가 아들 닉은 밴드 명이 새겨진 검은 티셔츠를 입고 다니기 시작했고, 가사가 불온한 음악을 점점 더 많이 들었다. 그러나 롭은 그 음악 CD들을 치워 버리는 대신 다른 접근을 시도했다.

어느 날 롭은 아들을 학교에 데려다 주면서 "어떤 음악을 듣고 싶니?"라고 물었다. 닉은 랩과 헤비메탈을 조합한 음악을 듣고 싶다고 대답했다. 그러자 롭은 "네가 좋아하는 음악 두 곡 정도만 들어볼 수 있을까?"라고 부탁했다.

닉은 야단맞을 것이라는 생각이 들었는지 "아빠는 싫어하실 곡이에요"라고 대답했다. 그러나 롭은 단념하지 않고 "아니야, 아빠는 그냥 네가 좋아하는 음악이 어떤 곡인지 알고 싶을 뿐이야"라고 말했다.

닉은 마지못해 CD 한 장을 꺼내 플레이어에 넣었고, 롭은 두 곡을 연달아 들었다. 머리끝이 쭈뼛 서는 듯한 느낌이었다. 하지만 아무 비난도 하지 않고 두 곡이 끝나기를 기다린 후 "네 음악 세계로 초대해 주어서 고맙구나"라고 했다.

그날 롭은 닉이 학교에 있는 동안 대형 기독교 서점을 찾아갔다.

"여기서 기독교 하드 록과 랩 음반들 중 4개 정도만 고르고 싶은데 좋은 곡이 있으면 추천해 주시겠어요?"

직원은 이 중년 남성의 요청에 다소 놀란 표정을 지었지만 이내 요청에 응했다.

롭은 서점에 마련된 청취 코너에 앉아 CD에 수록된 곡을 하나씩 들어보았다. 그리고 차에서 아들과 들었던 음악과 유사한 CD를 두 개 구입했다. 학교에서 닉을 다시 태운 롭은 "오늘 아빠가 CD 두 장을 구입했는데 틀어도 되겠니?"라고 물었다. 닉은 어리둥절한 표정을 짓더니 "진담이세요?"라고 물었다.

"아빠도 네 음악을 들었잖아. 그냥 이 음악을 듣고 네 소감만 이야기해 주렴."

닉은 마지못해 아빠의 요청을 수락했다. 롭이 첫 곡을 틀자 귀가 찢어질 듯한 시끄러운 소리가 흘러나왔다. 닉은 직접 듣고도 믿어지지 않는다는 듯 "이게 무슨 곡이에요?"라고 물었다.

롭은 "네가 좋아할 것 같아서 고른 곡이야"라고 대답했다. 그러면서 자신은 아들이 좋아하는 스타일의 음악을 들을 자유를 방해

> "부모로서 우리는 자녀들을 변화시킬 책무가 있다. 아직 이 점을 체감하지 못했다면 조만간 알 게 될 것이다."

하고 싶지 않지만 지금 듣고 있는 밴드의 행동과 가사 일부가 폭력적인 점을 덧붙였다.

"네가 듣고 싶은 노래를 고를 때 아빠나 목사님에게 가사를 읽어 주더라도 떳떳할지 생각해 보면 좋겠구나."

그날 저녁, 롭과 닉은 기독교 서점에 가서 닉이 좋아하는 장르의 CD를 여덟 개 더 구입했다. 롭은 가격이 다소 부담스러웠지만 즐거운 마음으로 계산했다. 지금 닉은 기독교 락 밴드에서 활동하고 있다.

롭은 아들의 인생을 변화시키는 과정에 작지만 의미심장한 행보를 취하였다. 부모로서 우리는 자녀들을 변화시킬 책무가 있다. 아직 이 점을 체감하지 못했다면 조만간 알 게 될 것이다. 조지 바나는 이렇게 지적한다.

> "오늘 자녀들과 소통하며 성경적 원리들과 기초를 가르친다면, 앞으로 수십 년 동안 그 노력의 열매가 꽃피우는 것을 보게 될 것이다."[1]

우리 자녀들은 어떤 모습으로 성장할까?

최근 식료품점을 들린 나는 계산을 하는 긴 줄에 서서 참을성 있게

기다리고 있었다. 그런데 갑자기 오른쪽 줄에 있던 한 아이가 심하게 짜증을 부리기 시작했다. 당황한 아이의 어머니가 실랑이를 벌이다가 결국 포기하고 아이가 화를 내도록 내버려 두었다. 또 다른 줄에는 좀 전에 짜증을 낸 아이와 비슷한 또래의 두 아이가 어머니와 함께 줄을 서 있었다. 그 아이들은 참을성 있게 차례를 기다리며 편하게 웃고 있었다. 나는 바로 궁금증이 생겼다. 과연 이 상황에서 우리 딸은 어떻게 행동할까? 더 중요하게는, 나는 그 상황에서 어떻게 할 수 있을까?

나는 모든 부모가 자녀들의 '최선'을 원한다고 생각한다. 우리는 누구나 자녀가 마약과 술, 폭력, 외설적인 성 행위에 연루되지 않기를 원한다. 성적이 우수하고 건강하게 생활하기를 원한다. 그러나 자녀들이 올바른 선택을 하도록 이끄는 법에 대해서는 잘 모른다.

청소년 가정 사역자와 부모로서 내 인생에 큰 영향을 미친 한 사람은 메르톤 스트롬멘이다. 서치연구소의 설립자인 메르톤은 어린이들에게 깊은 관심을 가진 리서치 전문가였다.[2] 어느 날 그의 머릿속에서 "왜 어떤 아이들은 훌륭하게 자라는데 어떤 아이들은 그렇지 않은가?"라는 한 가지 단순한 의문이 떠나지 않았다. 물론 질문이 간단하다고 대답도 간단한 것은 아니었다. 메르톤은 리서치 연구팀과 함께 산더미처럼 많은 연구 자료를 수집하고 평가한 후 '모든 아이가 물려받아야 할 발달 자산 30가지'(이제는 40가지로 늘어남)를 확인했다. 그리고 이 자산을 '구체적인 상식, 긍정적 경험, 성공적인 청소년을 양육하는데 필수적인 자질'이라고 규정했다.[3]

40가지 발달 자산[4]

서치연구소가 확인한 발달 자산 형식은 아래와 같다. 이 내용은 청소년들이 건강하고 배려심 있고 책임감 있게 성장하도록 돕는다.

〈외적 자산〉

범주	자산 항목과 정의
지지	1) **가족의 지지**-가정에서 아이가 사랑과 지지를 받는다. 2) **가족 간에 긍정적인 의사소통**-부모와 자녀 간에 긍정적 의사소통이 이루어진다. 아이들은 거리낌 없이 부모의 조언을 구한다. 3) **부모 외 다른 성인과의 관계**-아이가 부모 외에 지지를 받는 성인이 세 명 이상 있다. 4) **친절한 이웃**-아이가 이웃사람들의 배려와 친절을 경험한다. 5) **배려하는 학교 분위기**-학교가 아이들을 배려하고 격려하는 분위기이다. 6) **학업에 대한 부모의 적극적 관여**-부모는 자녀가 학업을 잘 해내도록 적극 돕는다.
권한 부여	7) **아이들을 소중히 여기는 지역사회**-아이들이 지역사회의 성인들에게 존중받는다고 인식한다. 8) **자원으로 인정받는 아이들**-아이들이 지역사회에서 유익한 역할을 할 수 있도록 허락한다. 9) **봉사활동**-아이들이 일주일에 한 시간 이상 지역사회에서 봉사할 기회가 있다. 10) **안전함**-아이들이 집이나 학교, 동네에서 안전하다고 느낀다.
경계와 기대	11) **가족의 경계**-가정에 분명하고 일관성 있는 규칙과 보상이 있다. 아이의 행동반경을 파악하고 있다. 12) **학교의 경계**-학교에 분명한 규칙과 보상체계가 자리 잡혀 있다.

건설적인 시간 활용	13) **동네의 경계**-이웃이 책임감을 갖고 아이의 행동거지를 살피고 지켜본다. 14) **성인 롤모델**-성인들이 긍정적이고 책임감 있는 행동으로 모범을 보인다. 15) **긍정적 또래관계**-아이의 친구들이 긍정적이고 책임감 있는 행동의 모범을 보인다. 16) **높은 기대**-부모와 교사들은 아이가 최선을 다해 생활하도록 격려하고 기대한다. 17) **창조적인 활동**-아이가 적어도 1주일에 3시간 이상 음악, 미술, 연극이나 그 외 다른 예술 관련 수업에 참여하거나 연습한다. 18) **아동 대상 프로그램**-아이는 1주일에 3시간 이상 학교나 지역 사회에서 스포츠, 동아리, 기관에 참여해서 활동한다. 19) **종교적 공동체**-아이들은 매주 1시간 이상 종교 활동이나 예배 모임에 참석한다. 20) **집에서 보내는 시간**-아이들이 '특별히 할 일이 없이' 친구들과 밤늦게 밖에서 어울리는 날이 이틀 이하이다.

〈내적 자산〉

적극적 학습 활동	21) **성취 동기**-아이가 학업생활에 충실하고픈 강한 동기를 부여받는다. 22) **학업 참여**-아이가 학교 수업에 적극 참여한다. 23) **숙제**-아이는 숙제를 하는데 매일 최소 한 시간을 사용한다. 24) **학교에 대한 소속감**-아이가 학교에 대해 관심이 많다. 25) **독서의 즐거움**-아이는 매주 3시간 이상 스스로 독서를 한다.
긍정적인 가치들	26) **돌봄**-아이가 남을 돕는 일에 큰 가치를 부여한다. 27) **평등과 사회 정의**-아이가 사회가 평등해지고 기아와 빈곤이 해결되는데 관심과 가치를 둔다. 28) **신념**-아이가 일종의 신념을 견지하고 자신의 신념을 떳떳하게 표현한다.

사회적 역량	29) **정직**-아이가 불이익이 따르는 상황이라도 진실을 말한다.	
	30) **책임감**-아이가 개인적 책임을 받아들이고 그 책임을 진다.	
	31) **자제심**-성적으로 방종해서는 안 되며 술이나 마약을 입에 대지 말아야 한다고 믿는다.	
	32) **계획과 의사결정**-아이는 미리 계획을 세우고 선택하는 법을 안다.	
	33) **대인관계 역량**-아이는 공감 능력과 감수성이 뛰어나고 친구를 사귀는 법을 안다.	
	34) **문화적 역량**-아이는 자신과 인종이나 민족적, 문화적 배경이 다른 사람들을 이해하며 거부감을 느끼지 않고 편안하게 받아들인다.	
	35) **저항 능력**-아이는 해로운 또래 압력에 굴복하지 않으며 자신을 곤경에 빠뜨릴 위험한 상황을 멀리 할 수 있다.	
	36) **평화적 갈등 해결**-아이는 갈등을 비폭력적으로 해결하기 위해 노력한다.	
긍정적 정체성	37) **개인적 힘**-아이는 자신에게 일어나는 일들을 통제할 힘이 있다고 생각한다.	
	38) **자기 존중심**-아이는 자기 존중심이 강하다는 평가를 받는다.	
	39) **목적의식**-아이는 자기 인생에 의미와 목적이 있다고 말한다.	
	40) **자신의 미래에 대한 긍정적인 시각**-아이는 자신의 미래에 대해 낙관적이다.	

서치연구소는 이런 발달 자산이 문제아가 될 확률을 줄일 수 있다는 결과를 확인하고 놀랐다. 그리고 더불어 자녀들이 가진 자산이 늘어날수록 알코올 남용, 불법 약물 남용, 성적 행위, 폭력 등과 같은 위험 행동에 연루될 가능성이 낮아진다고 밝혔다.

〈위험 행동과 발달 자산의 상관성[5]〉

알코올 남용	불법 약물 남용	성적 행위	폭력
지난달 3회 이상 술을 마시거나 지난 2주간 한 번 이상 술에 취했을 확률	지난 1년간 3회 이상 불법 약물을 사용했을 확률	일생 동안 성관계 대상이 3명 이상일 경우	지난 1년간 3회 이상 싸우고 상대방을 치거나 상해를 입힌 경우 혹은 무기를 사용한 경우
자산 0-10 49%	자산 0-10 39%	자산 0-10 32%	자산 0-10 61%
자산 11-20 27%	자산 11-20 18%	자산 11-20 21%	자산 11-20 38%
자산 21-25 11%	자산 21-25 6%	자산 21-25 11%	자산 21-25 19%
자산 26-30 3%	자산 26-30 1%	자산 26-30 3%	자산 26-30 7%

* 유의점: 1999-2000학년도 33개 주 318개 지역사회의 217,000명 이상의 6학년에서 12학년까지를 대상으로 실시한 조사에 근거한 자료이다. 흡연, 우울증, 자살 시도, 반사회적 행동, 학내 문제, 음주운전, 도박과 같은 다른 문제 행동에도 유사한 결과를 보인다.

자녀들은 발달 자산이 많을수록 부정적인 행동에서 보호받을 뿐 아니라 다음 표에서 보듯이 긍정적 행동과 태도 역시 증가하는 것을 알 수 있다.

〈긍정적 행동과 발달 자산과의 상관성[6]〉

학업 생활 성취도 (대부분 A학점)	리더십 발휘	양호한 건강 상태 유지	가치 다양성
자산 0-10 8%	자산 0-10 50%	자산 0-10 26%	자산 0-10 36%
자산 11-20 17%	자산 11-20 65%	자산 11-20 47%	자산 11-20 57%
자산 21-25 30%	자산 21-25 77%	자산 21-25 69%	자산 21-25 74%
자산 26-30 47%	자산 26-30 85%	자산 26-30 89%	자산 26-30 88%

* 유의점: 1999-2000학년도 33개 주 318개 지역사회의 217,000명 이상의 6학년에서 12학년까지를 대상으로 실시한 조사에 근거한 자료이다.

서치연구소는 원래 30개의 발달 자산을 우선순위 없이 무작위로 제시했다. 다시 말해서 다섯 번째 자산이나 스물 다섯 번째 자산이나 그 중요성의 구분이 없었다. 그러나 메르톤은 목록들 중 특별히 한 자산이 나머지 자산들보다 더 중요하다고 믿었다. 본서를 쓰는 지금 서치연구소는 이 한 자산과 나머지 자산들의 상관관계를 규명하기 위해 추가 조사를 실시하고 있다. 초기 결과를 보면 이 한 자산이 최소한 25가지 자산들과 직접적 관련이 있음을 강력히 시사한다.

최소한 25가지 자산을 자녀에게 채워 줄 잠재력을 지닌 자산이 무엇인지 알고 싶지 않는가? 그 자산은 바로 '종교적 공동체'라는 자산이다. 메르톤은 나와 개인적으로 대화를 나누던 중 '종교적 공동체'라는 용어가 기성 종교보다는 개인적인 신앙의 관계와 더 관련이 있다고 귀띔해 주었다.

부모들은 자녀들이 잘되기를 바라고, 위험 행동을 멀리하기를 바란다. 서치연구소는 자녀가 25가지 이상의 자산을 갖추면 바람직하게 행동하고, 문제 행동을 하지 않을 가능성이 크다는 사실을 발견했다. 그리고 신앙이 있으면 최소한 25개의 다른 자산들을 갖출 가능성도 높아진다는 점도 심층 연구로 드러났다. 그러므로 자녀에게 최고의 것을 주고 싶다면 자신 있게 말할 수 있다. 자녀의 인생에서 필요한 가장 중요한 것은 개인적 신앙이다. 이제 문제는 우리 자녀들에게 신앙을 어떻게 계승해 줄 수 있는가이다.

흔들리지 않는 믿음

우리는 2장에서 자녀들에게 신앙을 계승하는 일차적 주체는 우리, 즉 부모라는 사실을 알았다. 그러면 이제 어떻게 하면 제대로 자녀들에게 신앙을 계승할 수 있는지 살펴보자. 먼저 신명기 6장을 다시 읽어 보자.

"네 자녀에게 부지런히 '가르치며' 집에 앉았을 때에든지 길을 갈 때에든지 누워 있을 때에든지 일어날 때에든지 이 말씀을 강론할 것이며 … 여호와께서 우리에게 이 모든 규례를 지키라 명령하셨으니 이는 우리가 우리 하나님 여호와를 경외하여 항상 복을 누리게 하기 위하심이며 또 여호와께서 우리를 오늘과 같이 살게 하려 하심이라"(신 6:7,24).

말씀에서 가르치다(impress, NIV 버전)라는 단어는 "흔들리지 않는 신앙을 가르친다"는 뜻이다. 자녀에게 흔들림 없는 믿음을 지속적으로 보여 주고 심어 준다는 뜻이다. 이 본문이 자녀들을 주일학교에 데려가서 교회 정문에 내려준 다음, 한 시간 후에 데리러 가면 '짜잔' 하고 신앙을 갖추게 된다고 말하지 않는다는 점을 유의하라. 실제로 15년간 이 사역에 종사하면서 나는 교회의 주일학교나 청소년 사역이 아무리 훌륭해도 부모가 자녀에게 본이 되고 가정에서 신앙에 대해 대화하고 모범을 보이지 않으면 자녀들이 성장할수록 신앙에서 멀어지기 십상이라는 확실한 결론에 이르게 되었다.

　이와 관련해 에디만큼 완벽한 사례는 없다. 그는 우리가 개최하는 청소년 프로그램에 다 참여했다. 저녁 모임에 한 번도 빠지지 않았고, 수련회와 여름 캠프도 모두 참석했다. 심지어 우리 교회 청소년 프로그램의 리더가 되기도 했다. 그러나 나는 그의 부모를 교회 안에서 한 번도 보지 못했다. 한번은 수련회에서 그의 부모에 대해 묻자 그는 "저희 부모님은 예수님을 믿지 않으세요. 하지만 제가 교회에 열심히 다니면 최소한 탈선하지는 않고 안전할 수 있을 거라 생각하세요. 제가 교회에 다니도록 하시는 것도 그런 이유 때문이에요"라고 대답했다.

　고등학교를 졸업한 후 에디는 대학에 다닐 경제적 여력이 되지 않아 일을 시작했다. 처음에는 청소년 프로그램에서 봉사하며 교회에 출석했지만 점차 그를 보기 힘들어졌다. 18개월 후, 에디는 음주운전으로 입건되었다. 그 일은 앞으로 그가 저지르게 될 수많은 사고의 시작에 불과했다.

　에디는 그 후 오랫동안 교회에 발을 들여놓지 않았다. 한 교회의 청소년 그룹 리더였던 사람이, 그리스도에 대한 흔들림 없는 신앙을 보여 주었던 사람이 어떻게 믿음을 저버리고 불과 몇 년 후 감옥까지 들락거리게 되었는지 나는 깊은 고민에 빠졌다. 그리고 그 답은 에디의 신앙이 한 번도 그 안에 깊이 각인된 적이 없었다는데 있다고 결론을 내렸다. 그의 신앙은 가정에서 자라고 성장한 신앙이 아니었다. 그래서 오히려 다른 가치들이 '각인되어 있었다.' 알코올 중독자인 그의 아버지는 아직 미성년자인 에디에게 술을 사주었다. 그의 어머니는 아들이 교회에 꾸준히 다니든 말든 전혀 신경을 쓰지 않았다. 가정에서 받은 이러한 영향 때문에 에디에게 신앙이란 삶의 방식이라기보다 하나의 프로그램과 같았다. 그리고 그 프로그램이 끝나자 에디의 신앙도 끝나버리고 말았다.

자녀들의 가슴에 신앙이 깊숙이 각인되기를 원한다면 우리는 신명기 6장에 기록된 모세의 교훈을 실천해야 한다. 감사하게도 실천하기 그렇게 어려운 교훈으로 보이진 않는다. 이 성경 구절은 부모가 자녀들과 함께 신앙에 대해 이야기해야 한다고 말한다. 우리는 '신앙에 관한 대화'를 일상생활의 한 부분으로 삼아야 한다.

부모의 진정한 역할 회복하기

슬프게도 통계를 보면 신앙적인 대화로 자녀들에게 믿음을 각인시키는 문제에 관한 한 우리의 상황은 심각할 정도로 우려스럽다. 서치연구소는 전국의 6개 교단에 소속된 561개 교회의 11,000명 이상의 참가자들을 대상으로 조사를 실시했다. 그 결과는 시사하는 바가 컸다.

- 십대 중 신앙과 생활에 관한 문제로 어머니와 꾸준히 대화를 나누는 이들은 모두 몇 퍼센트인가? 12퍼센트

- 십대 중 신앙과 생활에 관한 문제로 아버지와 꾸준히 대화를 나누는 이들은 모두 몇 퍼센트인가? 5퍼센트
- 십대 중 가정에서 성경 읽기와 묵상을 꾸준히 하는 이들은 모두 몇 퍼센트인가? 9퍼센트
- 십대 중 신앙을 실천하는 의미에서 부모와 봉사활동을 하는 이들은 모두 몇 퍼센트인가? 12퍼센트[7]

리서치 전문가인 조지 바나는 「자녀들을 영적 챔피언으로 변화시키자」(Transforming Children into Spiritual Champion)를 집필하기 위해 실시한 연구를 통해 이 수치를 확인해 주고 있다.

"자녀들과 교회에 꾸준히 다니는 부모들 중 가족 단위로 함께 성경을 읽고 기도하며(식사기도 제외) 예배를 드리는 이들은 10퍼센트 미만이었다. 심지어 평상시 교회에 출석하는 것 이외에 자녀들과 함께 어떤 형태로든 예배를 드리는 가정은 이보다 훨씬 더 적었다(20명 중 한 명)."[8]

자녀의 신앙에 부모가 가장 중요한 영향을 미친다는 사실을 생각하면 이런 통계들에 대한 심각성이 훨씬 더 커진다. 그리고 그 대답이 매우 간단하다는 사실을 깨달을 때 마음이 울적해진다. 부모는 자녀들과 신앙에 관해 대화하고 그 신앙을 삶으로 보여 주어야 한다.

이 책의 다른 내용은 다 잊더라도 이것만은 꼭 기억해야 한다. 믿음은 가르치는 것이 아니라 붙잡혀야 하는 것이다.

믿음에 붙잡힌다는 것은 감기에 걸리는 것과 비슷하다. 자녀가 학교에서 감기에 걸린 뒤 집에 와서 옮긴다면 어떻게 되겠는가? 결국 온 식구가 감기에 걸린다! 믿음도 비슷하다. 가정이 신앙적이면 온 식구가 신앙을 갖는다. 그러므로 우리는 매일의 일상생활 속에서 믿음에 관한 대화를 나누어야 한다. 주일 아침에 한 시간 예배드리는 것으로 끝나서는 안 된다.

믿음에 관한 대화의 기회를 찾기란 생각처럼 어렵지 않다. 말린이 세 살이었을 때 끊임없이 "왜?"라는 질문을 하였다.

"아빠, 왜 하늘은 파래? 잔디는 왜 초록색이야? 왜 물에 닿으면 젖는 거야?"

나는 과학적인 논리로 딸의 질문에 대답해 줄 수도 있었다.

"글쎄, 하늘이 파란 색을 띠는 건 지구에 오존이라고 하는 층이 있기 때문이야. 오존은 …."

하지만 나는 질문을 받을 때마다 딸과 하나님에 대해 이야기하였다.

"말린, 하늘이 파란 이유는 널 위해 파란 하늘을 만들어 주신 멋진 하나님이 계시기 때문이야. 하나님은 저렇게 하얗고 탐스러운 구름을 특별한 모양으로 만드셔서 네 눈에만 보이게 해 주셨어. 구름이 어떤 모양인지 아빠에게 이야기해 줄래? 풀이 초록색인 이유는 네가 무릎으로 미끄럼 타는 놀이를 좋아하고, 바지에 초록색 줄무늬 칠하기를 좋아한다는 걸 하나님이 아시기 때문이란다. 물에 젖는 이유는 네가 물놀이와 수영을 좋아하는 것을 아시기 때문이야. 그래서 네가 즐겁게 놀도록 그렇게 만드셨단다."

모세가 "누워 있을 때에든지 일어날 때에든지"(신 6:7) 신앙적인 대화를 나누라고 말했다고 해서

"믿음은 가르치는 것이 아니라 붙잡혀야 하는 것이다."

늘 쉬지 않고 끊임없이 그렇게 하라는 뜻은 아니다. 하루하루 살다 보면 믿음에 관해 대화를 하고 주님과 동행하도록 자녀들을 가르칠 기회가 생긴다. 신앙에 관한 대화의 핵심은 모든 해답을 아는데 있지 않고 대화를 하는 자체에 있다. 이런 대화를 통해 우리는 "마땅히 행할 길을 아이에게 가르치라 그리하면 늙어도 그것을 떠나지 아니하리라"(잠 22:6)는 말씀을 실천하게 된다.

신앙적 대화 나누기: T.R.A.I.N.

자녀들과 신앙적인 대화를 나누는 방법을 아무리 잘 알아도 그렇게 한 경험이 없기에 많은 부모들에게는 실제적인 도움이 필요하다. 내가 멘토로 섬기는 로랜드 마티슨은 청소년가정연구소 모임에서 이렇게 지적했다.

"가정을 준비시키는 것이 교회의 역할입니다. 자녀들이 부모들을 교

회로 모셔 오면, 우리는 부모들을 훈련하여 다시 그들의 선교지인 가정으로 보내어 그리스도인들을 양성하도록 해야 합니다."[9]

여기에서 나는 부모들을 훈련시킨다는 개념이 마음에 든다. 그래서 잠언 22장 6절을 한 단계 발전시켜 "부모들이 신앙에 관해 자녀들과 대화하도록 훈련하여 늙어서도 그것을 떠나지 않도록" 해야 함을 강조하고 싶다. 이제부터 '훈련하다'(train. 가르치다)라는 단어를 사용해 신앙적인 대화로 자녀들에게 부모의 신앙을 계승하는 방법에 대해 살펴보자.

T-Time(시간)

오늘날 시간은 매우 중요한 자원이다. 내가 부모들로부터 가장 많이 받는 질문은 "아이와 신앙에 관한 대화를 할 시간이 언제 생길까요?"라는 것이다. '신앙에 관한 대화'라고 하면 대부분 부모들은 성경을 펴놓고 초를 켠 다음 부엌 식탁에 앉아 한 시간 이상 정식으로 토론을 하는 식의 획일적이고 전형적인 이미지를 떠올린다. 그러나 오늘날은 한자리에서 식사를 하는 것조차 쉽지 않고, 함께 대화하는 시간이 한 시간도 채 되지 않는 것이 현실이다.

날로 바빠지는 생활 속에서 우리는 가진 시간을 최대한 활용해야 한다. 그러므로 자녀들과 신앙에 관한 대화를 하기에 가장 적절한 때는 언제인가? 유일하게 합리적인 대답은 '언제나'이다.

산업화 시대에는 대다수 미국인들이 월요일부터 금요일까지 아침 아홉 시부터 오후 다섯 시까지 공장 스케줄을 중심으로 일을 했다. 그리고 주말과 저녁에는 여유로운 시간을 가지며 자녀들과 함께 했다. 그러나 오늘날은 산업화 시대처럼 별다른 변화없이 일정한 일상을 누리기가 쉽지 않다. 이것은 위기이다. 하지만 또한 기회이기도 하다.

마티슨 박사는 '자녀들의 신앙을 키우는 기회'를 일곱 가지로 정리했다. 지금부터 그 기회를 활용할 수 있는 법을 살펴보자.

1. **차를 타고 이동하는 시간**: 가족이 함께 가장 많은 시간을 보내는 경우는 자동차를 타고 이동할 때이다. 라디오를 끄고 자녀들에게 그날 하루에 있었던 기분 좋은 일, 불쾌한 일들이 무엇인지 물어보라. 그리고 다음 일정을 위해 잠시 기도하는 시간을 가지라.

2. **아플 때 돌보는 시간**: 자녀들이 아파서 학교를 결석하고 집에서 쉴 때, 부모는 대화를 나눌 시간을 가질 수 있다. 함께 영화를 보거나 음악을 들을 수도 있다. 그때 신앙과 삶을 주제로 자연스럽게 대화가 옮겨갈 수 있게 해 줄 영화를 골라 함께 보면 어떨까?

3. **잠자리에 드는 시간**: 이보다 신앙적인 대화를 나누기 좋은 때는 없다. 하루 중 있었던 일을 함께 나누고 서로를 위해 기도하는 시간을 가

지라. 십대들과 대화할 때는 "내일 기도가 필요한 일이 있다면 어떤 일이니? 친구들 중에 기도해 주었으면 하는 어려운 친구는 없니?"라고 물어볼 수 있다.

4. **식사 시간**: 식사를 하기 전에 하나님께 감사드리고 찬양하는 시간을 가지면 자녀들이 어른이 되어서도 지속할 수 있게 훈련할 수 있다. 어린 시절 내가 자란 성경 캠프에서는 다양한 내용으로 식사기도를 드렸다. 선택에 도움이 되도록 몇 가지 예를 아래 소개한다.

- *조니 애플시드:* "오, 주께서 저를 선대하셨으니 제게 필요한 것들, 해와 비와 사과 씨를 주셔서 감사하나이다. 아멘."
- *하나님은 크시나이다:* "위대하고 선하신 하나님, 우리에게 먹을 양식을 주셔서 감사를 드립니다. 아침과 정오와 밤에 주께 감사하리이다. 우리 눈에 보이지 않으시기에 우리 하나님께 감사드립니다. 강하시기에 우리 하나님께 감사드립니다. 아멘."
- *사랑하는 하나님*("Are You Sleeping" 가락에 맞추어 노래하며): "사랑하는 하나님, 사랑하는 하나님, 다시 한 번, 다시 한 번, 우리에게 베푸신 축복으로 감사를 드리며 우리에게 베푸신 축복으로 감사를 드리며. 아 아멘 아 아멘."
  - *송가:* "주여 우리 식탁에 함께 하소서. 여기에 계시며 어디서나 찬양 받으소서. 자비하심으로 복 주시고 강건하게 하사 주를 섬기게 하소서. 아멘."

- *생명과 건강*: "생명과 건강과 모든 선한 것을 주신 당신께 감사를 드리나이다. 오 주여."
- *오소서 주 예수여*: "주 예수여 오셔서 우리 손님이 되시고 우리에게 주신 이 은사들을 축복하소서. 아멘."

5. **휴가를 보내는 시간:** 장거리 여행이나 주말 여행을 통해 가족 간에 신앙적인 대화 나누기를 자연스럽게 정착시킬 수 있다. 휴가 기간 동안 시간의 십일조를 하나님께 드리라. '가족 예배 프로젝트'를 계획해서 함께 성경을 읽으며 묵상 시간을 가지거나 매일 가정 예배를 드리라. 그곳의 교회를 방문한 후 좋았던 점과 싫었던 점을 서로 토론해 보라. 휴가의 마지막 저녁을 기도와 예배로 하나님께 나아가라. 꼭 격식에 얽매일 필요는 없다. 현대적인 기독교 음악을 몇 곡 듣고 함께 한 시간들에 대해 감사하는 시간을 가져도 좋다. 돌아가면서 이번 여행에 대해 감사한 내용을 이야기하고 집에 돌아갔을 때 달라지길 기대하는 내용을 한 가지씩 이야기하라.

6. **추억을 만드는 시간:** 나는 청소년 가정 사역자로서 수많은 봉사 여행을 인도할 기회가 있었다. 십대 청소년들은 예수님의 손과 발이 되어 섬기는 이 여행을 통해 인생이 변화되기도 했다. 나는 봉사 여행을 이끄는 일을 즐겁게 하면서 가정들도 이런 경험을 함께 하면 좋겠다는 생각을 했다. 가족 관계에 갈등이 있다면 온 가족이 함께 이런 '봉사 프로젝트'를 해 보라. 자신보다 힘든 누군가를 돕는 경험을

함께 하다 보면 가족이 겪고 있는 문제들을 새로운 시각으로 바라볼 수 있을지 모른다.

7. **일대일 데이트 시간**: 부모들이 하나같이 자녀들에 대해 하는 말이 있다. "아이들이 너무 빨리 커요." 우리 집 냉장고에는 "너 자신의 인생을 살라"라는 글귀가 적힌 자석이 붙어 있다. "저걸 꼭 했어야 했는데"라고 후회하며 인생을 살지 말라는 뜻이다. 부모로서 할 수 있는 최선의 노력이 있지만, 그 중 한 가지는 자녀들을 한 명씩 일대일로 만나는 것이다. 일주일이나 한 달 단위로 만날 수 있는데 기간은 각자의 생활 리듬에 맞게 설계되어야 한다. 이 시간을 정기적으로 갖지 못하면 나중에 "그때 그 일을 했어야 했는데"라고 후회하게 될 것이다. 자녀들과 한 명씩 주말 만남을 갖거나 매달 저녁 데이트 약속을 하고 함께 영화를 보거나 근사한 식사를 하라. 어떤 활동을 하는 것보다 함께 하는 시간을 갖고자 최선을 다하는 것이 가장 중요하다.[10]

우리는 자녀들과 신앙에 대해 이야기할 수 있는 충분한 시간을 갖고 있다. 자투리 시간들을 이용하라. 물론 바쁠 것이다. 하지만 시간은 이용하기 나름이라는 사실을 꼭 기억하라.

R-Repetition(반복)

신앙에 관한 대화의 핵심 중 하나는 반복이다. '신명기'(Deuteronomy)라는 단어가 무슨 뜻인지 아는가? (몰라도 괜찮다. 나도 그랬다!) '율법의 반복'이라는 뜻이다. 신명기를 다 읽었다면 모세가 자신들의 뜻대로 살고 싶어하는 완악한 무리에게 하나님의 명령을 끊임없이 반복해 되새겨 주려고 했음을 알 것이다. 어디선가 들어본 듯하지 않는가? 오늘날 우리는 자녀들에게 하나님의 진리들을 끊임없이 반복해서 들려줘야 한다.

「하루에 한 번 자녀를 축복하라」의 저자 롤프 가복은 매일 저녁 딸을 축복하는 의식을 했다.[11] 딸이 아기였을 때는 자고 있는 딸의 방으로 가서 축복의 말을 속삭였다. 딸의 십대 시절에도 멈추지 않고 했다. 물론 딸이 예민할 때는 잠들 때까지 기다렸다가 몰래 축복을 해 주었다.

롤프와 그의 아내는 대학 입학으로 딸을 떠나보내는 날을 슬퍼하며 기다렸다. 그래서 그들은 딸의 짐을 내려놓고 기숙사 방에서 재빨리 작별 인사를 하고 뒤도 돌아보지 말고 차로 돌아오자고 약속했다. 그 계획은 완벽하게 실행되었다. 하지만 그들이 차에 거의 다 왔을 때 뒤에서 "엄마, 아빠, 기다려요"라는 소리가 들렸다. 그들은 걸음을 멈추고 뒤를 돌아보았다. 눈에 눈물이 가득한 딸이 허겁지겁 달려와 "저를 축복해 주시는 것을 잊으셨어요"라고 말했다. 롤프와 그의 아내는 바로 그 자리에서 딸을 꼭 껴안고 기도했다.

"주께서 앞으로도 계속 널 축복해 주시고 지켜 주시기를, 앞으로도 주께서 그 얼굴 빛을 네게 비추사 은혜 베푸시기를, 은혜로 너를 보살펴 주시고 평화를 주시기를, 아버지와 아들과 성령의 이름으로 아멘."

이 이야기를 듣고 나와 아내가 즉각 시작한 일이 무엇인지 알겠는가? 마리아는 말린이 잠자리에 들기 전 롤프가 했던 축복을 그대로 해 주었다. 말린은 매일 저녁 이 축복을 듣는다. 하루 저녁 떨어져 있기라도 하면 마리아는 전화로 딸을 축복해 준다. 심지어 말린이 먼저 "엄마, 축복 기도 잊지 마세요"라고 말할 때도 있다.

A-Acceptance(인정)

신앙에 관한 대화가 제대로 이어지기 위해서는 말하고 베푸는 것도 중요하지만 듣고 받는 것도 못지않게 중요하다. 우리는 모두 그리스도와의 관계 속에서 아직 성장 중에 있고, 그 누구도 해답을 다 알지는 못한다. 하나님이 자녀들에게 주신 특별한 은사들을 인정하라. 하나님에게는 그들을 향한 뜻과 계획이 있으시다. 그리고 그 계획은 그들을 향한 부모의 계획과 다를 수 있다.

마찬가지로 자녀 역시 하나님이 주신 부모를 인정하는 법을 배워야 한다. 우리는 부모가 완벽하지 않지만 부모를 인정하고 사랑하는 것이 하나님의 명령임을 자녀들에게 가르치고 강조해야 한다.

"자녀들아 주 안에서 너희 부모에게 순종하라 이것이 옳으니라 네 아버지와 어머니를 공경하라 이것이 약속이 있는 첫 계명이니 이로써 네가 잘되고 땅에서 장수하리라"(엡 6:1-3).

> 믿음에 대한 대화가 제대로 이어지기 위해서는 말하고 베푸는 것도 중요하지만 듣고 받는 것도 못지않게 중요하다.

우리 부모님은 이 부분에 대해 평생동안 내게 모범을 보여 주셨다. 부모님은 내가 태어난 날부터 하나님이 내 인생에 두신 소명을 받아들이셨다. 하나님이 고등학교를 졸업하고 대학에 가기 전 일 년 동안 휴학하도록 인도하신다고 느꼈을 때, 부모님은 내 결정을 존중해 주셨다. 내가 대학을 졸업했을 때 기뻐해 주셨고, 어떤 사역의 부르심을 받더라도 받아들이셨다. 심지어 캘리포니아에 있는 교회의 목사로 청빙받았을 때도 하나밖에 없는 유일한 손녀와 2,000마일이나 떨어져 살아야 했음에도 그 결정을 받아들이셨다.

그러나 두 분이 나를 용납해 주신다는 것을 가장 확실히 확인한 때는 내 인생에서 가장 힘든 하루를 보냈을 때였다. 대학교 2학년 2학기 종강을 한 후였다. 나는 차에 짐을 다 싣고 90분 거리의 집으로 돌아갈 준비를 마쳤다. 그런데 룸메이트가 떠나려는 나를 불러 세워 캠퍼스 내의 바에서 맥주 한 잔을 하자고 했다. 함께 맥주를 마시다 보니 몇 시간이 훌쩍 흘렀고, 맥주도 서너 잔 넘게 마시게 되었다. 내가 떠나려고 주섬주섬 채비를 하자, 룸메이트가 맥주를 마셔서 더 있다 출발해야 한다고 말렸다. 그러나 나는 그의 말을 무시하고 차를 몰고 떠났다.

마을을 벗어나려 하는데 경찰차가 뒤에서 따라왔다. 나는 과속을 하거나 차도를 벗어나지 않았기에 경찰이 제 갈 길을 갈 것이라고 생각했다. 그런데 경고등을 연거푸 밝히며 나를 불러 세웠다. 차창으로 다가온 경찰은 차에서 내릴 것을 요구했다. 내가 무슨 잘못을 했느냐고 물었지만 답변해 주지 않았다.

결국 나는 음주 측정기 테스트를 받고 말았다. 결과를 확인한 경찰은 음주운전으로 체포하니 손을 등 뒤로 돌리라고 요구했다. 그날 저녁 구치소에 앉아 있는데 부모님을 실망시켜 드릴 것이라는 생각에 마음이 괴로웠다. 자초지종을 다 말씀드려야 한다고 생각하니 견딜 수가 없었다.

나는 전화 한 통 할 수 있도록 허락을 받았지만 부모님에게 차마 전화를 할 수 없었다. 그래서 시카고에 있는 누이에게 전화를 걸어 소식을 전했다. 우리는 아무 말도 못하고 함께 울기만 했다. 나는 너무나 참담하고 황망해서 그날 밤 한 잠도 자지 못했다. 다음 날 아침, 나는 석방되었다.

집까지 90분이면 가는 거리가 3시간이나 걸렸다. 소식을 전해 들었을 부모님과 마주할 생각을 하니 견딜 수가 없었다. 집 앞 차도로 들어섰지만 차마 차에서 내리지 못했다. 나는 어떤 처벌을 하시든 받아들일 마음의 준비가 되어 있었다.

그런데 전혀 생각하지 못한 일이 일어났다. 어머니와 아버지가 집에서 달려나와 차문을 열고 나를 껴안아 주며 이렇게 말했다.

"마크, 네가 무사해서 기쁘구나. 어서 들어오렴. 너를 위해 맛있는 식탁을 차려놓았단다. 우리는 널 사랑해. 네가 이 일을 잘 극복하도록 도와줄 거야."

그 순간 나는 처음으로 하나님의 조건 없는 사랑이 무엇인지 진심으로 깨달았다. 우리 부모님은 좋을 때뿐 아니라 비참하고 힘들 때도 나를 용납해 주었다.

I-Intentionally(의도적 개입)

신앙에 관한 대화를 하기 위해서는 의도적으로 자녀들의 삶에 개입해야 한다. 많은 부모들이 이런 하소연을 했다.

"십대인 우리 아이는 나하고 말을 하지 않으려고 해요. 자기 신상에 관한 이야기를 아예 하지 않아요."

보통 내 대답은 상당히 단도직입적이다.

"다시 노력하세요! 그리고 입을 열 때까지 포기하지 마세요."

아내의 이야기이다. 마리아는 대학 1학년 때 학교를 자퇴하고 싶다고 부모님에게 말했다. 딸이 4년제 사립대학을 다니기에 조금도 모자라지 않도록 열심히 일했던 그들에게 딸의 이런 생각은 용납하기 어려운 것이었다. 봄 방학 때 장인은 마리아에게 차고 위 지붕 공사를 해야 하는데 도와줄 수 있느냐고 물었다. 마리아는 아버지의 일을 도운 적이 거의 없었던 터라 사다리를 타고 차고 지붕으로 올라갔다.

"아빠, 어디서부터 시작해요?"

그때 장인은 지붕에서 사다리를 떨어뜨리고 딸 옆에 앉아 "네 대학생활에 대해 이야기를 해야 할 듯하구나"라고 말했다.

간단히 말하자면 그 대화 후, 마리아는 대학을 마치기로 결정했다. 밑으로 내려갈 수 없게 사다리를 바닥으로 떨어뜨린 일은 다소 충격적이었지만, 마리아는 그보다 아버지가 자신의 고민을 함께 해 주었다는 사실이 좋았다. 마리아는 인생의 고민에 의도적으로 개입해 준 아버지에게 늘 감사하게 생각했다.

제대로 신앙적인 대화를 나누려면 때로 자녀들과 불편한 논쟁을 해야 할 경우도 있다. 종종 자녀들이 부모의 잘못된 행동과 태도를 지적할 때 기분이 상한다. 음주 운전 사건 후, 우리 아버지는 알코올 중독의 위험성에 대해 솔직한 대화를 나누는 식으로 내 인생에 의도적으로 개입하셨다. 아버지는 알코올 중독에서 벗어난 지 불과 몇 년 되지 않았지만 나를 사랑하는 마음으로 하나님의 진리를 들려주셨다. 그 덕분에 나는 아버지의 전철을 밟는 위험에서 벗어날 수 있었다. 신앙적인 대화가 효과적으로 이루어질 때는 궂을 때든 좋을 때든 인생의 모든 영역에 그리스도를 의도적으로 모실 때이다.

N-Never Ending(결코 끝나지 않을 대화)

한번은 아버지가 "부모 역할은 절대 끝이 없어"라는 말씀을 하셨다. 마찬가지로 자녀와 신앙에 관한 대화 역시 결코 끝나지 않는다.

경험으로 볼 때 하나님의 이야기를 나누면 세월이 흐를수록 훨씬 더 그 영향력이 커진다. 몇 년 전 여름휴가 때 나는 아버지의 설교를 들을 기회가 있었다. 당시 나는 그것이 아버지의 설교를 듣는 마지막 시간이 되리라고는 꿈에도 생각하지 못했다. 아버지는 그 후 얼마 지나지 않아 돌아가셨기 때문이다.

평소에 나는 늘 아버지의 설교를 듣기 좋아했지만, 이 특별한 주일에 뜻밖의 교훈을 가르쳐 주신 분은 어머니였다. 아버지의 설교가 끝난 후 오르간 반주자가 "주 예수 넓은 사랑"(I love to tell the story)이라는 찬송을 반주하기 시작했다. 찬송가를 부르려고 자리에서 일어서자 어머니는 얼굴에 미소를 띠고 내 쪽으로 몸을 기울이며 "외할아버지가 좋아하시던 찬양이란다"라고 말씀해 주셨다.

아주 어렸을 때 돌아가신 터라 나는 외할아버지를 본 기억이 없다. 종종 어머니에게 전해 들은 이야기가 전부였다. 외할아버지는 믿음이 매우 강한 분이었다고 한다. 내가 이 사실을 아는 이유는 외할아버지가 자신의 신앙을 딸인 우리 어머니와 나누셨기 때문이다. 언젠가 외할아버지는 "주 예수 넓은 사랑"이 좋아하는 찬송이라고 어머니에게 말씀하셨을 것이다. 그리고 이제 어머니는 이 사실을 내게 알려 주셨다. 나 역시 이제 이 찬송을 부를 때 딸에게 "이 찬송은 네 외증조할아버지가 좋아하셨던 찬송이란다"라고 말해 줄 것이다. 비록 외할아버지는 돌아가셨지만 그 신앙은 계속해서 계승될 것이다.

기회가 생기는 대로 자녀들과 신앙적인 대화를 하도록 노력하라. 자녀들이 자라 독립하더라도 끊임없이 그렇게 하라. 그렇게 함으로써 신앙을 계승하라.

믿음이 시작되는 **핵심포인트**

- 결국 핵심은 믿음이다! 자녀들의 인생에 필요한 가장 중요한 것은 믿음, 즉 예수 그리스도와의 개인적 관계이다. 우리에게는 신앙을 계승해야 할 소명이 있다.

- 자녀들이 흔들림 없는 믿음을 갖기 바란다면 가정에서 부모가 모범을 보여야 한다. 일주일에 한 번 교회에 가는 것으로는 가슴에 깊이 새겨지는 신앙을 가질 수 없다.

- 신앙적인 대화는 언제 어디서나 가능하다. 집이나 차 안, 휴가를 갈 때에도 하라.

- 자녀들에게 신앙을 물려주고 싶다면 반드시 'T.R.A.I.N'을 해야 한다. Time(시간), Repetition(반복), Acceptance(인정), Intentionally(의도적 개입), Never-Ending attitude(결코 끝나지 않을 대화)가 바로 그것이다.

믿음이 성장하는 **가족활동**

01. 자녀와 함께 기도하기

　어쩌면 당신은 한 번도 자녀들과 함께 기도해 본 적이 없었을 지 모른다. 그러나 자녀가 지금 몇 살이 되었건 상관없이 지금도 늦지 않았다. 기도는 단순히 하나님과의 대화라는 사실을 기억하면 도움이 된다.

　다음은 함께 기도하는 시간을 시작할 수 있도록 돕는 몇 가지 방법이다.

1. 신문 기사를 활용한 기도: 아침식사를 하면서 하루를 시작할 때 이 방법을 시도해 보라. 가족이 각기 신문의 한 면을 선택한다. 기도가 필요하다고 생각되는 기사에 원으로 표시한다. 그런 다음 신문에 표시한 내용을 위해 함께 기도하자고 요청한다.

2. 문장 기도: 자녀들에게 아래와 같은 문장을 주고 그 문장을 완성하도록 한 후 소리 내어 기도하도록 돕는다.

- 주님, _____하게 해 주셔서 감사합니다.
- 주님, _____한 잘못을 용서해 주셔서 감사합니다.
- 주님, 더 _____하도록 저를 도와주세요.
- 주님, 제가 _____를 그만 두게 도와주세요.
- 주님, _____할 용기를 주세요.
- 주님, _____할 일이 두려우니 도와주세요.

3. *좋았던 일과 나빴던 일*: 자녀들에게 하루 중 '좋았던 일'과 '힘들고 나빴던 일'이 무엇이었는지 물어보라. 먼저 부모가 그것을 나누도록 한다. 가족이 모두 나눈 후 그 일들을 위해 함께 기도하라.

4. *기도 일지*: 가족들과 기도 제목을 나누고 그 내용을 기도 일지에 기록하라. 대표로 한 사람이 그날 적었던 기도 제목을 한꺼번에 다 기도해도 좋다. 이후 적었던 기도 제목들을 살펴보고 변화된 내용이나 응답된 내용이 있다면 적으라. 하나님이 우리 기도에 얼마나 적극적으로 개입하시는지 확인할 수 있는 좋은 방법이다.

5. *ACTS 기도*: 기억하기 쉬운 유명한 기도 형식이다.
- 'A'는 찬양이라는 뜻의 'adoration'을 가리킨다. 하나님의 속성을 찬양하는 내용으로 기도를 시작하라.
- 'C'는 고백이라는 뜻의 'confession'을 가리킨다. 죄를 고백하는 시간을

가지라.

- 'T'는 감사의 'thanksgiving'을 가리킨다. 당신과 가족에게 베푸신 하나님의 축복에 감사하는 시간을 가지라.
- 'S'는 간구의 'supplication'을 가리킨다. 하나님이 채워 주셔야 할 필요가 있는 것들을 구체적으로 아뢰라.

02. 가족이 함께 봉사활동하기

가족에게 오래도록 기억에 남는 추억을 만들어 주고 싶다면 함께 봉사활동을 하라. 독거 노인의 집을 찾아가 정리해 주거나 동네 도로변 청소를 하는 것처럼 단순할 일도 좋다.

어떤 활동인가보다는 가족이 함께 봉사활동을 한다는 자체가 중요하다. 가족이 쉽게 할 수 있고, 몸을 쓸 수 있는 일을 찾아보라. 결코 실망하지 않을 것이다. 실제로 베푸는 것보다 받는 것이 더 많다는 사실을 금방 알게 될 것이다.

아래 내용을 숙고하면 시작에 도움이 될 것이다.

- 특별한 요청이 없더라도 이웃을 돕기 위해 우리 가족이 할 수 있는 일은 무엇인가?
- 하나님의 창조 세계를 보존하고 돌보기 위해 우리 가족이 할 수 있는 일은 무엇인가?
- 교회에서 우리 가족이 도울 만한 일은 무엇인가?
- 우리 가족이 도움을 줄 수 있는 분야나 대상은 누구인가?

믿음이 삶이 되는 **핵심질문**

1. 당신의 성장기에 영향을 준 사람들에 대해 생각해 보라. 당신의 신앙 발달에 그들은 어떤 역할을 하였는가?

2. 성장기 때 얼마나 많은 신앙적인 대화를 경험하였는가? 그 대화는 어떤 형식의 대화였는가? 주로 언제 이루어졌는가? 그 대화를 시작한 사람은 누구였는가?

3. 이 장에 수록된 40가지 발달 자산을 살펴보고 각 영역에서 자녀들이 어떤 경험을 하고 있는지 토론해 보라. 자녀들에게 얼마나 많은 발달 자산이 있다고 생각하는가?

4. '종교적 공동체'(개인적 신앙을 길러 주는 공동체)가 가장 중요한 자산이라면 당신의 가정은 어떤 식으로 신앙을 가르치고 있는가?

4장
모든 가정은 '경건한 연장자들'의 지혜가 필요하다

　스물다섯 살 무렵 나는 청소년 가정 목회 사역자로 교회 사역에 입문했고, 사역을 하면서 무력감에 휩싸일 때가 수없이 많았다. 대표적인 경우는 우리 교회의 십대 소녀가 새해 전날 심장마비로 갑자기 사망한 사건이었다.
　라나는 선천적으로 심장이 약한 상태로 태어났지만 쾌활하고 상냥한 소녀였다. 평생 심박 조율기를 착용하고 살았는데 수련회에 참석하기 전까지 나는 이 사실을 모르고 있었다. 아이들이 버스에 탈 때, 라나의 어머니가 나를 따로 부르더니 "출발하기 전에 목사님께 말씀드릴 게 있어요"라고 말했다. 그런 다음 라나의 심장 상태에 대해 조목조목 설명한 후 아이가 태어났을 때부터 어떤 조치를 해 왔는지 말해 주었다. 수련회와 관련해서는 "과격한 활동을 할 경우, 라나가 흥분하지 않도록 진정시켜 호흡을 조절하도록 해야 할지도 몰라요"라고 말했다.

라나와 나는 말장난을 하며 놀리기를 좋아했다. 내가 라나를 이리저리 말로 공격하면 라나는 멋지게 맞받아치곤 했다. 라나는 털털하고 말괄량이 같아서 남자아이들이 하는 놀이나 활동은 무엇이든 참여하기를 좋아했다.

수련회에서 주최 측이 터치 풋볼을 할 채비를 하는 도중에 라나를 한방 먹일 기회가 생겼다. 라나는 풋볼을 하는 남자아이들 틈에 끼려고 재킷을 입고 있었다. 그래서 나는 "라나야, 어디로 가는 거니?"라고 물었다.

"축구하러 가요."

나는 그 기회를 놓치지 않고 "넌 안 돼. 여자잖아"라고 응수했다. 표정으로 사람을 죽일 수 있다면 아마 나는 그 순간 그 자리에서 죽었을 것이고 이 책도 쓸 수 없었을 것이다! 라나는 나를 노려보며 연극을 하듯이 소리쳤다.

"아뇨. 절대 그럴 일 없어요!"

그러나 말을 채 끝마치기도 전에 나는 성큼성큼 걸어가 헤드록을 걸었다. 우리는 서로 깔깔거리며 폭소를 터뜨렸고 사이좋게 축구를 하러 갔다.

그해 말 구체적으로 새해 전날 한밤중에 전화벨이 울렸다. 라나의 어머니였다. 그녀는 간신히 입을 떼고 밤사이 라나의 심박 조율기가 작동되지 않아 숨을 거두었다고 알렸다. 나는 아무 말도 할 수가 없었다.

장례식 날 아침이 밝았지만 나는 교회당을 가득 채울 라나의 가족들과 친구들에게 무슨 말을 해 주어야 할지 여전히 아무 생각도 나지 않았다. 나는 아버지에게 전화를 했다. 아버지는 45분 동안 목회 생활을 하며 겪었던 유사한 상황들에 대해 들려주었다. 구체적으로 어떤 말을 하라고 일러 주지는 않았지만 유족들에게 해 줄 말을 찾는 데 도움이 될 성경 구절들을 가르쳐 주었다.

그날 저녁, 집으로 돌아오는 길에 나는 다시 아버지에게 전화를 해서 "아버지가 계셔서 얼마나 감사한지 모릅니다"라고 눈물을 흘리며 고백했다. "제게 목회자가 되고 싶은 열정을 심어 주시고 제 롤모델과 좋은 친구가 되어 주셔서 감사합니다"라고 말했다.

부모들이 지혜와 조언, 지지를 보내며 우리를 안내해 주지 않았다면 마리아와 내가 어떻게 지금까지 아무 탈 없이 결혼생활을 하고 부모로서 역할을 해 왔을지 모르겠다. 그런데 오늘날 안타깝게도 힘들 때 조언을 구하고 의지할 수 있는 사람이 아무도 없는 것처럼 보이는 가족들이 너무나 많다.

부모로서 우리가 가진 가장 위대한 자원을 하나 꼽는다면, 우리 부모님과 확대가족, 그리고 우리 앞서 가정생활의 희로애락을 모두 겪은 분들의 진심 어린 조언이다. 노년 세대의 많은 사람들이 가정이 신앙을 양육하는 곳으로 그 역할을 하던 시대에 성장했다. 어쩌면 그들은 신앙을 세우는 곳으로서의 가정을 경험한 마지막 세대가 될지도 모른다. 이것을 직접 삶으로 경험한 세대들보다 오늘날 우리를 더 잘 가르칠 수 있는 이들이 또 있겠는가? 불행하게도 오늘날 우리는 대부분 이런 소중한 자원과 기회를 제대로 활용하지 못하고 있다.

놓쳐 버린 지혜의 자산

오늘날 자녀들의 인생에서 조부모들의 전통적 역할이 축소되거나 사라지는 경우가 많다. 종종 조손 관계는 생일 카드, 전화상의 대화, 명절 때의 방문으로 한정되어 나타난다. 나의 경우, 할머니 할아버지가 북 미네소타에 사셨고 우리는 일리노이에 살았기 때문에 그분들과 교류할 기회가 많지 않았다. 다행히 고모할머니 할아버지가 시카고에 사셔서 조부모님 역할을 대신 해 주셨다.

감사한 점은 요즘 다시 상황이 점점 나아지고 있다는 것이다. 멀리 떨어져 있어도 이메일, 핸드폰, 심지어 웹캠으로 자주 연락하고 교류할 수 있게 되었다. 과거에는 거리가 큰 문제였지만 과학기술이 그 간격을 해결해 주고 있다.

그러나 우리는 여전히 부모 세대에게 조언을 구하지 않는다. 보통 '저분들은 이해하지 못하니까 말씀드릴 필요가 없어. 옛날과는 상황이 완전히 다르잖아'라고 생각한다. 물론 나도 세상이 급격하게 변하고 있다는 사실을 인정한다. 아이팟을 설치하는 방법이나 컴퓨터 메모리칩을 추가하고 싶은 방법에 대해 조언이 필요하다면 부모 세대에게 조언을 구하라고 말하지 않을 것이다. 그러나 자녀들에게 신앙을 계승하는 문제에 관해서는 부모 세대로부터 많은 것을 배울 수 있다. 그들은 지난 수십년간 가정이 점진적으로 붕괴되는 모습을 목격한 세대이며 기독교 신앙 양육을 직접 경험한 세대이다. 이것이 우리가 구하고 있는 바로 그런 지혜가 아닌가?

어느 날 거스가 집무 중인 사무실로 와서 "목사님, 상담을 부탁합니다"라고 말했던 때가 생각난다. 그가 문을 닫고 들어왔을 때 나는 긴장이 되기 시작했다.

"매달 제가 목사님께 수표를 보내 드릴 테니 그 돈으로 어려운 가정들을 돕는데 써 주시기 바랍니다. 이것을 누구에게도 알리고 싶지 않고, 목사님이 누굴 돕는지도 알고 싶지 않습니다. 다만 어려운 가정들을 돕는데 이 돈이 유용하게 사용되기를 바랄 뿐입니다."

나는 거스의 열정과 헌신적 태도에 감동을 받았다. 물론 그의 호의에 감사 인사를 했다. 나는 그에게 "한 가지 여쭈어 보고 싶습니다. 왜 이런 일을 하시는 거죠?"라고 물었다. 거스는 다시 자리에 앉더니 잠시 아무 말도 하지 않았다. 그러다가 괴로운 표정으로 가슴에 품고 있던 말을 털어놓았다.

"저는 자녀 양육이라는 세상에서 가장 놀라운 일을 외면했습니다. 대신 당시 가장 중요한 일이라고 생각한 일을 했지요. 자식들은 이제 다 어른이 되어 자녀들도 낳

> "우리 중에 많은 사람들이 노년 세대를 쉽게 부정함으로 인해 우리와 우리 가족들에게서 지혜와 조언과 지지의 소중한 원천을 빼앗아버리는 우를 범하고 있다."

있습니다. 그런데 슬프게도 하나님도, 교회도 완전히 외면한 채 살고 있습니다. 한 아이는 이혼을 했고, 또 한 아이는 늘 정신없이 바쁩니다. 늘 정신없이 바쁘기도 하거니와 부모의 도움을 바라지도 않으니 서로 대화를 나눌 일도 없습니다. 그래서 저희 아이들을 도울 수 없다면 다른 가정이라도 돕고 싶습니다."

거스는 지난날 부모로서 저질렀던 실수를 기꺼이 인정하고 있었다. 심지어 성인이 된 자녀들에게 자신의 전철을 밟지 말라고 부탁하고 싶어 했다. 불행하게도 그의 자녀들은 그에게 기회를 주지 않았다. 그러나 거스의 자녀들을 비난하기 앞서 우리 스스로의 마음을 돌아보아야 한다. 우리 중에 많은 사람들이 노년 세대를 쉽게 부정함으로써 우리와 우리 가족들에게서 지혜와 조언과 지지의 소중한 원천을 빼앗아 버리는 우를 범하고 있다.

물론 오늘날의 부모들에게 모든 잘못이 있다고 말하고 싶지는 않다. 자녀들의 인생에 더 적극적으로 개입하고 주도적으로 나서지 않은 책임이 기성 세대에도 어느 정도 있다. 많은 노년 세대들이 "내가 무슨 말을 해도 신경을 쓰지 않으니 뒷방에 앉아 그들이 무슨 실수를 해도 그냥 놔두어야지"라는 태도로 너무 쉽게 포기하고 관심을 꺼버린다.

한번은 엘리아노라는 이름의 한 할머니와 대화를 나눈 적이 있는데 그녀는 적극적으로 주도권을 갖고 자녀들의 삶에 개입하고 있었다. 어느 늦여름, 많은 부모들이 우리 교회에서 실시하는 중고등부 프로그램인 '견신례' 훈련반에 자녀들을 등록시키고 있었다. 어느 날 오후 흥미로운 전화 한 통이 걸려왔다.

"마크 목사님, 제 이름은 엘리아노입니다. 제가 목사님 교회의 교인은 아니지만 제 딸과 사위는 그 교회에 출석하고 있습니다."

나는 엘리아노에게 전화를 주셔서 감사하다고 말하고 도와드릴 일이 있느냐고 물어보았다.

"말씀드리기 조금 죄송스러운데요. 제 딸과 사위가 교회에 착실하게 출석하지 않고 있습니다. 하지만 사랑하는 손자는 제가 고집을 피워서 매주 주일학교에 참석하도록 하고 있습니다."

이렇게 대답한 그녀는 약간 뜸을 들이더니 다시 이렇게 말했다.

"제가 전화를 드린 이유는 손자가 6학년이 되거든요. 아시다시피 목사님이 견신례 훈련반을 맡아 하시잖아요. 저를 위해서는 이런 부탁을 드릴 자격이 없습니다만, 제 손자가 이 훈련반에 등록할 수 있는지 여쭙고 싶군요."

그 순간 내가 속으로 "당신은 충분한 자격이 있습니다"라고 외쳤던 것이 생각난다. 나는 그녀에게 관심을 갖고 전화를 해 주셔서 감사하다고 인사를 했다.

"자녀들과 손자들의 신앙생활에 대해 그렇게 깊은 관심을 가지시다니 정말 멋지십니다. 당신은 자녀들과 그 자손들에게 신앙을 계승하는 일이 얼마나 중요한지 알고 계시는군요. 당신처럼 이런 전화를 해 오는 조부모님들이 많았으면 좋겠습니다."

이 말을 하고 나는 그녀가 나의 칭찬에 대해 감사해 할 것이라고 생각하며 대답을 기다렸다. 그러나 그녀는 "그럼, 이 문제를 진지하게 고려해 주실 건가요?"라고 물었다. 이렇게 집요한 할머니라니. 나는 전화를 끊으면서 이렇게 덧붙였다.

"언제라도 전화하셔도 됩니다. 신앙 안에서 온 가족이 성장하기를 합심해 기도하겠습니다."

사실 이런 전화를 수백 통씩 받아야 하는 것이 정상인데 나는 그날 이후로 그런 전화를 받아본 적이 없다. 우리에게는 가족들의 삶에 적극 개입해 줄 어른들이 필요하다. 나는 온 세상의 조부모들이 자녀들의 신앙생활에 참견해 줄 것을 강력히 요청한다.

시편 78편 2-8절은 노년 세대에게 필요한 확실한 영감을 제공한다.

"내가 입을 열어 비유로 말하며 예로부터 감추어졌던 것을 드러내려 하니 이는 우리가 들어서 아는 바요 우리의 조상들이 우리에게 전한 바라 우리가 이를 그들의 자손에게 숨기지 아니하고 여호와의 영예와 그의 능력과 그가 행하신 기이한 사적을 후대에 전하리로다 여호와께서 증거를 야곱에게 세우시며 법도를 이스라엘에게 정하시고 우리 조상들에게 명령하사 그들의 자손에게 알리라 하셨으니 이는 그들로 후대 곧 태어날 자손에게 이를 알게 하고 그들은 일어나 그들의 자손에게 일러서 그들로 그들의 소망을 하나님께 두며 하나님께서 행하신 일을 잊지 아니하고 오직 그의 계명을 지켜서 그들의 조상들 곧 완고하고 패역하여 그들의 마음이 정직하지 못하며 그 심령이 하나님께 충성하지 아니하는 세대와 같이 되지 아니하게 하려 하심이로다."

이 시편은 노년 세대가 신앙을 양육하는 일에 적극적으로 참여하고 개입하지 못할 때, 우리 가정도 실패하고 우리도 실패하고 우리 자녀들도 실패하고 자녀들의 자녀들도 실패한다고 경고한다. 알겠는가? 그리고 "완고하고 패역하여 그들의 마음이 정직하지 못하며 그 심령이 하나님께 충성하지 아니하는 세대"를 낳는다. 어디선가 들어본 듯하지 않은가? 우리는 부모들의 지혜와 인도를 적극적으로 요청할 필요가 있다. 그리고 조부모들은 위축되지 말고 자녀들의 가정생활에 적극적이고 확고한 역할을 해야 한다.

변화의 시간

내가 말린을 키우면서 매우 걱정스럽고 두려워하는 한 가지는 딸의 데이트와 더 나아가 궁극적으로는 '결혼'이다. 자라지 말고 어린 딸로 남아 있으라고 말해도 말린은 말을 듣지 않는다!

최근에 멋진 한 커플의 결혼식을 인도한 적이 있다. 두 사람 다 그리스도인으로 하나님을 지극히 사랑하고 서로를 향한 사랑도 극진했다. 나는 신부의 아버지에게 "저렇게 훌륭한 젊은이를 사위로 얻어서 든든하시겠습니다"라고 말했다. 그때 그의 대답은 뜻밖이었다.

"제가 한 일은 전혀 없습니다. 제 부모님과 장인 장모님은 제 딸이 태어난 날부터 신랑감을 위해 기도를 해 왔답니다. 그동안 제 딸이 연애시절에 바람직한 선택을 하고 이렇게 결혼에 이르게 된 것은 그분들의 기도 응답이 확실합니다."

즉각 머릿속에 신호가 울리기 시작했다. 노년 세대가 우리 자녀들과 가정들을 위해 지속적으로 기도한다면 어떻게 될까? 가정에 거대한 변화가 일어나지 않을까? 이 질문의 대답은 당연히 '예스'라고 확신한다. 성경은 하나님이 우리 기도에 응답해 주기를 기뻐하신다고 말한다.

"네가 부를 때에는 나 여호와가 응답하겠고 네가 부르짖을 때에는 내가 여기 있다 하리라"(사 58:9).

"그날에는 너희가 아무것도 내게 묻지 아니하리라 내가 진실로 진실로 너희에게 이르노니 너희가 무엇이든지 아버지께 구하는 것을 내 이름으로 주시리라 지금까지는 너희가 내 이름으로 아무것도 구하지 아니하였으나 구하라 그리하면 받으리니 너희 기쁨이 충만하리라"(요 16:23-24).

하나님께 자녀들을 보호해 달라고 구하였는가? 부모와 조부모에게 당신과 당신의 자녀들을 위해 기도해 달라고 부탁하였는가? 부모에게 꾸준히 가정의 기도 제목과 어려운 상황을 알려 주는가? 만약 부모가 없는 사람이라면 교회에 부탁하라. 부모의 역할을 대신해 줄 어른들이 있을 것이다.

우리는 자녀들이나 가정 형편에 대해 쉽게 불평을 늘어놓는다. 하지만 그 문제를 해결하고자 적극적으로 노력하는 경우는 거의 없다. 가족을 주제로 한 시트콤만 보아도 부모가 서로 싸우는 장면이 단골로 등장한다. 자녀들은 부모에 대해 불만을 터뜨리고, 부모는 자녀들이 못마땅하다. 우리는 형편에 대해 불평하는 일에 익숙한 반면 그 상황을 바꿀 수 있는 힘의 원천을 활용하지는 못한다.

> "오늘날 부모들이 베이비붐 세대에게 그들의 자녀와 그 자녀들의 가정을 위해 기도해 달라고 부탁한다면 실제로 무슨 일이 일어나겠는가? 거대한 변화를 목도하는 놀라운 일이 일어나리라 생각한다."

우리에게는 '하나님'이 계신다. 존재하는 모든 것을 말씀으로 창조한 전능하신 분이다. 그분은 홍해를 가르고 산을 옮길 능력이 있으신 분이다. 그런데 우리는 하나님을 의지하거나 도움을 받으려고 하지 않는다. 오히려 인터넷을 뒤지거나 유명인의 조언을 의지한다. 그들이 우리 가정을 변화시켜 주기를 기대한다. 만약 자녀양육의 권위자와 하나님 중에 선택하라고 한다면 누구를 선택해야 하겠는가? 나는 언제나 하나님을 선택할 것이다.

향후 십년 내에 미국 역사에서 가장 인구수가 많은 집단인 베이비붐 세대가 은퇴하게 된다. 과거 30년 동안 가정의 수는 꾸준히 감소했다. 그러나 오늘날 부모들이 베이비붐 세대에게 그들의 자녀와 그 자녀들의 가정을 위해 기도해 달라고 부탁한다면 실제로 무슨 일이 일어나겠는가? 거대한 변화를 목도하는 놀라운 일이 일어나리라 생각한다.

모세 할아버지의 약속

신명기 6장 1-2절을 한 번 더 보자. 모세가 자녀들을 양육하는 젊은 세대를 향해 말을 하고 있다. 모세 할아버지의 지혜로운 권면을 들어보자.

> "이는 곧 너희의 하나님 여호와께서 너희에게 가르치라고 명하신 명령과 규례와 법도라 너희가 건너가서 차지할 땅에서 행할 것이니 곧 너와 네 아들과 네 손자들이 평생에 네 하나님 여호와를 경외하며 내가 너희에게 명한 그 모든 규례와 명령을 지키게 하기 위한 것이며 또 네 날을 장구하게 하기 위한 것이라."

모세의 조언이 들리는가? 그는 장수하라는 하나님의 뜻을 분명하게 전하고 있다. 우리가 우리 자녀들과 자녀들의 자식과 우리 스스로를 위해 가장 원하는 것이 바로 이것 아닌가? 내 딸을 위해 내가 가장 원하는 것 역시 이것이 분명하다. 말린이 행복하고 만족한 삶을 살며 지지와 사랑을 받고 평화롭게 살면 좋겠다. 모세는 하나님도 말린에게 이 모든 것을 원하신다고 말한다. 말린이 하나님의 뜻과 명령을 이해하고 따른다면 어떤 일을 만나더라도 삶을 누릴 수 있을 것이다. 부모들에게 얼마나 위로가 되는 약속인가!

그러나 오해하지는 말라. 그렇다고 평탄한 인생이 보장되어 있다는 말은 아니다. 성경은 우리 인생에 고난과 어려움이 찾아오리라고 분명히 말한다. 하지만 이런 일 때문에 인생을 향유하지 못하는 것은 아니다.

"내 형제들아 너희가 여러 가지 시험을 당하거든 온전히 기쁘게 여기라"(약 1:2).

우리 부모님은 이것과 관련해서 내 평생 좋은 모범이 되어 주셨다. 두 분은 시련을 당할 때도 기뻐하셨고, 삶을 사랑하셨다. 이를 보여 주는 특별한 일화가 있다. 1980년, 부모님이 교통신호에 따라 차를 멈추고 있을 때 브레이크가 고장 난 화물 트럭이 부모님 차를 들이박았다. 그 충격으로 부모님은 뒷좌석으로 날아가 심한 부상을 입었다.

이 사고가 있기까지 부모님은 매우 활동적이었다. 아버지는 성경 캠프 책임자로서 늘 캠프 주위를 바쁘게 다니며 아이들과 놀아주거나 보수 작업을 했다. 어머니는 캠프 요리사로, 아버지의 비서로, 잔디 관리자로 섬겼다.

그 사고 후 부모님은 건강상의 문제를 계속 안고 살아야 했다. 아버지는 세 번이나 등 수술을 받았고, 일곱 번이나 척추뼈가 함몰되는 고통을 겪었다. 어머니는 목과 척추와 심장에 문제가 생겼다. 결국 두 분 모두 그토록 헌신적이던 사역을 조기 은퇴할 수밖에 없었다. 늘 극심한 통증과 힘들게 싸워야 했다. 하지만 두 분은 적극적으로 인생을 향유하며 살아가셨다. 건강 문제는 당연히 향유할 대상이 아니었다. 하지만 하나님의 뜻과 명령에 대한 깊은 이해와 신앙으로 두 분은 삶을 풍요롭게 했다.

2004년 10월, 나는 부모님 댁을 방문했다. 그날은 11월 23일에 심장과 폐 합병증으로 돌아가신 아버지를 집에서 만난 마지막 방문이었다. 중환자실에서 아버지 병상을 지키고 있을 때 많은 사람들이 병문안을 왔다. 사람들이 병실을 떠날 때마다 아버지는 "나 때문에 슬퍼하지 말게. 하나님이 좋으신 분이니 인생도 좋은 거지"라고 말씀하셨다. 아버지는 병원에서뿐 아니라 눈을 감기 직전에도 끝까지 나의 정신적 지주가 되어 주셨다.

나는 이 책을 쓰고 있는 지금도 정신적 스승이자 롤모델이었고 속내를 털어놓는 친구였던 아버지가 그립다. 눈물이 뺨을 타고 흘러내릴 때면 아버지께서 물려주신 지혜에 감사한 마음이 든다. 나는 아버지가 하신 옳은 일을 보고 배웠을 뿐 아니라 그분의 실수를 통해서도 배웠다. 사는 게 바빠서 자주 찾아뵙지 못했지만 그에 대해 아버지는 불평하지 않으시고 내 인생에 관심을 갖고 개입해 주셨다. 어떻게 사는지 계속 물어봐 주셨고, 우리 가족을 위해 기도해 주셨다. 물론 했던 이야기를 하고 또 하실 경우도 많았다. 그때 나는 속으로 "또 시작이시다"라고 말하곤 했다. 그러나 다시 그런 이야기를 들을 수 있다면 무엇이든 할 수 있을 것 같다.

새롭게 시작하는 소통과 교류

하나님이 우리에게 경건한 연장자들과 확대가족을 주신 이유는 한 가지이다. 시편 68편 6절은 "하나님이 고독한 자들은 가족과 함께 살게 하시며"라고 말한다. 하나님은 우리가 고독하게 인생을 살아가도록 만들지 않으셨다. 진정 가족의 변화를 원한다면 이제 다시 가족들과 교류하고 경건한 연장자들과 소통하여야 한다.

그러기 위해서는 신앙심이 깊은 부모들과 조부모들이 우리 삶에 개입하도록 허락해야 한다. 그들의 말을 귀 기울여 들어야 할 이유는 그들에게 소중한 자산이 있기 때문이다. 이런 친지나 가족이 없다면 누군가에게 우리 가족과 나를 위해 연장자 노릇을 해 달라고 부탁해야 할지 모른다. '가족'(family)이라는 단어는 '친숙한'(familiar)이라는 단어와 어근이 비슷하다. 그러니 스스로에게 "우리를 위해 이 역할을 해 줄 친숙하고 신앙심 깊은 어른이 누가 있을까?"라는 질문을 해 보라.

최근에 예순을 앞둔 분과 이야기를 하게 되었다.

"앞으로 어떻게 사실 건가요?"

"여든 살까지는 계속 누군가에게 도움이 되고 싶습니다."

그와 그의 아내는 슬하에 자녀가 없어서 이웃집 아이의 조부모 노릇을 해 주고 있었다. 심지어 아이가 기독교 계열 사립학교에 다니도록 재정적 지원도 해 주었다. 그들은 뒷짐 지고 앉아 "요즘 가정들이 얼마나 개판인지 좀 봐"라고 비난하는 대신 적극 개입함으로써 무엇인가를 바꾸려고 노력하고 있었다. 그들은 그들의 믿음과 성경적 지혜를 계승해 주고 있었으며 그들의 헌신으로 한 젊은 부부의 가정을 풍요롭게 해 주고 있었다.

성경은 장로들의 지혜와 기도를 구하는 일이 얼마나 중요한지 끊임없이 강조한다. 야고보서 5장 14-15절은 이렇게 말한다.

> "너희 중에 병든 자가 있느냐 그는 교회의 장로들을 청할 것이요 그들은 주의 이름으로 기름을 바르며 그를 위하여 기도할지니라 믿음의 기도는 병든 자를 구원하리니 주께서 그를 일으키시리라 혹시 죄를 범하였을지라도 사하심을 받으리라."

지금 자녀들이 상처 입고 힘들어 하지 않는가? 어떤 의미로든 '병든' 상태는 아닌가? 앞에서 지적한 대로 모든 가정은 역기능적인 면이 있다. 우리는 모두 병들어 있고 치유가 필요하다. 진정 치유(가정의 변화)를 바란다면, 경건한 연장자들을 존중하고 그들과 함께 하라. 우리는 "그들을 청해 기도와 치유를 받을 수 있도록 하라"는 주님의 당부를 받아들여야 한다.

믿음이 시작되는 **핵심포인트**

- 하나님은 가정이 여러 세대와 공존하도록 만드셨다. 모든 가정은 경건한 연장자들의 지혜와 조언이 필요하다.

- 가정들은 경건한 연장자들의 조언이 필요하다. 이런 관계를 장려하고 적극적으로 추구하라. 그들의 지혜와 조언을 구하기를 주저하지 말라. 특히 어려운 상황에서는 더욱 그렇다. 우리에게 필요한 해답이 연장자들에게 있을지 모른다!

- 경건한 연장자들이 우리 가정생활에 개입하도록 하라.

- 경건한 연장자들은 가족의 일원이나 확대가족으로서 도움을 줄 수 있는 '친숙한' 사람들이 되어 줄 수 있다. 이런 도움을 줄 가족이 없다면 다른 누군가에게 가정의 연장자이자 조언자와 친구가 되어 달라고 부탁할 수 있다.

믿음이 성장하는 **가족활동**

01. 자녀의 대부모(代父母) 세우기

몇십 년 전만 해도 부모들이 자녀들의 대부를 정해 주는 모습을 흔히 볼 수 있었다. 대부모는 그 자녀의 영적 롤모델 역할을 했다.

노년 세대 중에 자녀들의 대부모가 되어 줄 사람을 찾아보라. 그들에게 자녀의 신앙 양육에 도움을 달라고 요청하라. 그들이 가족의 신앙 성장에 개입할 수 있도록 하라. 매달 함께 만나 이렇게 질문해 달라고 요청하라.

- 이번 주에 가족이 함께 모여 기도한 적은 몇 번인가?
- 이번 주에 가족이 함께 모여 예배를 드린 적은 몇 번인가?
- 최근에 가족끼리 봉사활동을 한 적이 있는가?
- 이번 달에 하나님의 말씀을 읽는데 시간을 얼마나 투자했는가? 그때 하나님에 대해 무엇을 배웠는가?

02. 자녀의 기도 파트너 세우기

　가족을 위해 기도 파트너가 되어 줄 경건한 연장자를 찾아보라. 가족 모두를 위해 기도해 줄 기도 파트너를 찾아볼 수도, 가족 한 명당 한 명씩 기도 파트너를 찾아볼 수도 있다. 기도 파트너에게 기도 제목을 매주일마다 알리라. 가족 중 한 사람이 기도 제목을 이메일로 기도 파트너에게 보내줄 수도 있기에 이 자체로도 가족 활동이 될 수 있다.

　기도 파트너에게 기도 일기를 작성해 달라고 요청해 기도 제목이 어떻게 달라지는지 확인하게 하라. 그러면 하나님이 우리 기도에 어떻게 응답해 주시는지 알 수 있다.

03. 멘토링 프로그램 참여하기

1990년 서치연구소는 "효과적인 기독교 교육: 개신교 교회 대상 전국 조사"라는 제목으로 미 전역 561개 교회에서 11,000명이 참가한 조사 결과를 발표했다. 조사 결과는 십대들과 어린이들의 신앙 성숙도가 그 부모들과 다른 성인들과의 신앙적인 대화와 직접적인 상관관계가 있음을 보여 주었다. 불행하게도 조사 결과를 보면 신앙과 삶에 관해 부모 외에 다른 성인들과 정기적 대화를 나누는 청소년들은 4퍼센트에 불과했다.[1]

아이들이 십대로 접어들면 자연스럽게 다른 사람들의 '목소리'를 구하기 시작한다. 부모가 해야 할 핵심 질문은 이렇다. 누가 그 역할을 할 것인가? 그는 부모가 자녀들에게 바라는 가치와 태도를 강화하는 역할을 할 것인가, 아니면 부정하는 역할을 할 것인가? 이 문제를 방치하지 말고, 힘든 시기를 지나는 십대 자녀들의 성장에 성인 신앙 멘토가 할 수 있는 유의미한 역할에 대해 진지하게 고민해 보라.

우리 교회는 십대를 둔 부모들이 자녀들의 신앙 멘토를 찾을 수 있도록 돕고 있다. 우리는 청소년들과 노년 세대들 간에 다리를 이

어주기 위한 목적으로 6주 멘토링 프로그램을 시작했다. 먼저 십대들에게 한 달간의 말미를 주고 믿음의 멘토를 찾아보라고 했다. 멘토로서 자격은 기준에 맞는 나이(교회가 노년층이 충분히 있다면 40,50,60세 정도의 나이를 설정하라)에 교회 교인이어야 했다. 멘토를 찾는데 어려움을 느끼는 십대들에게는 기꺼이 멘토 역할을 하겠다고 자처하는 성인을 찾아 연결해 주었다. (물론, 우리는 늘 남자는 남자끼리 여자는 여자끼리 짝을 지어주었다.)

그런 다음 십대들과 멘토들에게 6주 동안 함께 예배에 참가하도록 요청했다. 예배 후에는 각기 간단하게 토론과 평가를 실시했다. 6주를 마무리하는 시점에는 멘토들과 십대들이 서로에게 감사 편지를 써서 교환하도록 했다. 단 6주에 불과했지만 많은 이들이 서로를 깊이 이해하는 관계로 발전하는 성과를 거두었다.

십대 자녀가 있다면 신앙의 멘토를 찾아보라. 멘토를 찾는데 도움이 필요하다면 목사님에게 도움을 청하라. 다음은 몇 가지 멘토링 지침과 토론 가이드이다.

멘토 선택

- 40세 이상
- 친척 중 한 사람이나 교회 교인
- 기꺼이 자녀의 말에 귀 기울이고 이해하며 받아줄 수 있는 사람
- 6주 연속 자녀와 만날 각오가 된 사람

신앙 멘토링 지침

- 멘토는 먼저 부모와 날짜, 시간, 만날 장소를 정해야 한다. 주일 예배 직전이나 직후가 적절할 것이다.
- 한 번 만날 때 30분에서 45분 가량이 적당하지만 상호 합의 하에 변경할 수 있다.
- 자녀를 데려다주고 데려오는 일은 부모의 책임이다. 멘토가 자녀를 데려다줄 경우는 부모의 허락이 있어야 한다.
- 멘토는 은밀한 곳에서 일대일로 만나서는 안 되고 항상 공개적인 장소(교회 로비, 예배당, 레스토랑)에서 만나야 한다.
- 부모가 집에 있을 경우, 집에서 만남을 가질 수도 있다.
- 다른 조건이 없을 경우, 멘토는 모든 대화 내용을 비밀로 해야 한다. 비밀 유지는 신뢰 형성에 필수이다.
- 멘토가 모든 대답을 다 알지 못해도 괜찮다. 충분히 질문할 기회를 주고 대화가 일방적이지 않도록 하며 대화중에 침묵이 흐르더라도 걱정하지 말라.

[멘토링 프로그램 가이드]

다음은 십대 자녀와 신앙 멘토가 대화를 원활히 나눌 수 있도록 돕는 6주차 가이드이다.

주제 구절- 요한복음 3:16: "하나님이 세상을 이처럼 사랑하사 독생자를 주셨으니 이는 그를 믿는 자마다 멸망하지 않고 영생을 얻게 하려 하심이라."

1주차: 하나님은 어떤 분이신가

시작 기도: 사랑하는 하나님, 멘토링 프로그램을 시작하는 우리를 축복해 주시기를 구합니다. 함께 만나는 시간을 축복해 주시고 서로 마음을 터놓고 정직하게 이야기할 용기와 배울 마음을 허락해 주소서. 예수님의 이름으로 기도합니다. 아멘.

1. 주제 구절인 요한복음 3장 16절을 읽으라.
2. 그동안 했던 일이나 시도했던 일들 중 가장 어려웠던 일은 무엇인가?
3. 하나님을 누군가에게 소개하는 일이 쉬운 편인가, 아니면 어려운 편인가? 그 이유는 무엇인가?
4. "하나님은 _____이시다"라는 문장을 7가지로 완성해 보라.
5. "하나님이 살아 계신다고 믿는 이유는 _____"라는 문장을 완성해 보라.
6. 일상생활에서 하나님의 존재를 얼마나 친밀하게 느끼는가?
    a. 하나님이 친밀하게 느껴질 때는 _____ 할 때이다.

b. 때로 하나님이 멀리 계시다고 생각될 때는 _____ 할 때이다.

7. 하나님께 묻고 싶은 질문이 있다면 무엇인가?

마무리 기도: 지난 주간 있었던 좋은 일과 힘든 일을 서로 이야기하고 서로를 위해 기도하는 것으로 마무리하라.

2주차: 세상은 어떤 곳인가

시작 기도: 사랑하는 하나님, 우리가 살아가는 이 세상을 주셔서 감사합니다. 하나님이 주신 세상을 제대로 관리하지 못한 저희를 용서해 주시고, 우리가 하는 모든 일로 주의 나라를 드러내도록 도와주소서. 예수님의 이름으로 기도합니다. 아멘.

1. 주제 구절인 요한복음 3장 16절을 읽으라.
2. 바로 지금 세상 어느 곳이든 갈 수 있다면 어디로 가고 싶은가?
3. 지금 세상과 과거의 세상은 어떻게 다른가?
    a. 25년 전과 지금
    b. 100년 전과 지금
    c. 예수님이 지상에 계시던 2,000년 전과 지금
4. 바람직한 변화는 어떤 것인가? 그다지 바람직하지 못한 변화는 무엇인가?

5. 하나님이 우리 세상을 보시고 무엇이라 말씀하실 것 같은가? 하나님이 좋아하실 부분은 무엇이겠는가? 싫어하실 부분은 무엇이겠는가?
   6. 지금으로부터 25년 후, 100년 후, 2,000년 후 우리 세상은 어떻게 달라지리라 생각하는가?
   7. 앞으로 기독교는 어떻게 되리라 생각하는가? 미래에도 기독교 신앙이 살아 있도록 하기 위해 우리가 할 역할은 무엇인가?

마무리 기도: 지난 주간 있었던 좋은 일과 힘든 일을 서로 이야기하고 서로를 위해 기도하는 것으로 마무리하라.

3주차: 그리스도의 십자가

시작 기도: 사랑하는 하나님, 유일하신 독생자를 이 땅에 보내사 저희의 죄를 대신 감당하게 하신 그 은혜에 감사합니다. 우리가 그 십자가의 은혜를 절대 잊지 않고 살아가도록 도와주소서. 예수님의 이름으로 기도합니다. 아멘.

   1. 주제 구절인 요한복음 3장 16절을 읽으라.
   2. 가족이 몇 명인가? 외가와 친가의 가족은 몇 명인가?
   3. 형제나 자매가 있다면 서로의 관계에 대해 이야기해 보라. 형제가 없다면 가장 친한 친구와의 관계를 이야기해 보라.

4. 딸로 태어난 경우나 아들로 태어난 경우 좋은 점이 있다면 어떤 것인가? 힘든 점은 무엇인가?

5. 예수님이 하나님의 아들이라서 좋은 점이 있다면 무엇인가? 어려운 점은 무엇인가?

6. 자기 자신이나 가족이 비극적인 일을 당한다면 마음이 어떠하겠는가?

7. 자신의 하나밖에 없는 아들이 십자가에 못 박혀 고통당하는 모습을 볼 때 하나님의 심정이 어떠했으리라 생각하는가? 하나님은 왜 이런 일이 일어나게 하셨는가?

마무리 기도: 지난 주간 있었던 좋은 일과 힘든 일을 서로 이야기하고 서로를 위해 기도하는 것으로 마무리하라.

4주차: 믿음 점검하기

시작 기도: 사랑하는 하나님, 저희에게는 주님을 믿을 수밖에 없는 이유가 수없이 많습니다. 삶의 모든 영역에서 주님을 믿고 순종하도록 도와주소서. 예수님의 이름으로 기도합니다. 아멘.

1. 주제 구절인 요한복음 3장 16절을 읽으라.
2. '믿다'라는 단어를 어떻게 정의할 수 있는가?
3. "내가 믿는 것은 _____ 이다"라는 문장을 완성해 보라.

4. "내가 믿지 않는 것은 _____ 이다"라는 문장을 완성해 보라.

5. "예전에 믿었으나 이제 더 이상 믿지 않는 것은 _____ 이다"라는 문장을 완성해 보라.

6. 무슨 말을 해도 거부감 없이 신뢰하는 사람은 누구인가? 왜 그를 신뢰하는가?

7. 누군가가 나를 믿어 주길 바란다면 그에게 어떤 식으로 믿음을 심어 주겠는가?

8. 누군가가 "하나님을 믿습니까?"라고 묻는다면 어떻게 대답하겠는가?

9. 사람들이 하나님을 믿도록 하기 위해 그분이 하신 일은 무엇인가?

10. 오늘날 하나님이 사람들에게 믿음을 심어 주시고자 여전히 하고 계시는 일은 무엇인가?

마무리 기도: 지난 주간 있었던 좋은 일과 힘든 일을 서로 이야기하고 서로를 위해 기도하는 것으로 마무리하라.

5주차: 삶과 죽음

시작 기도: 선하신 하나님, 우리가 죽더라도 예수님의 죽으심과 부활을 믿으면 영원한 생명을 누린다는 것을 알고 있습니다. 죽음이 우

리를 에워쌀 때 이기게 하시고, 사랑하는 이들과 사별로 고통당하는 이들을 도울 수 있도록 해 주소서. 예수님의 이름으로 기도합니다. 아멘.

1. 주제 구절인 요한복음 3장 16절을 암송해 보라.
2. 당신이나 당신이 아는 사람이 죽음의 문턱까지 갔다 온 경험을 한 적이 있는가?
3. 이 경험을 통해 어떤 변화가 일어났는가, 어떤 영향을 받았는가?
4. 살날이 일주일 밖에 남지 않았다고 한다면 무엇을 하겠는가? 그 이유는 무엇인가?
5. 오늘 바로 그 일을 하지 않는 이유는 무엇인가?
6. 사랑하는 사람을 잃어 본 적이 있는가? 그때 어떤 마음이었는가?
7. 주제 구절은 "그를 믿는 자마다 멸망하지 않고"라고 말한다. 이 말씀은 어떤 의미인가? 이 말씀을 믿을 때 삶과 죽음에 대한 생각에 어떤 변화가 일어났는가?

마무리 기도: 지난 주간 있었던 좋은 일과 힘든 일을 서로 이야기하고 서로를 위해 기도하는 것으로 마무리하라.

6주차: 영원한 생명

시작 기도: 사랑하는 하나님, 지난 6주간 서로를 알아갈 수 있는 시간을 허락해 주셔서 감사합니다. 앞으로도 언제까지나 주님과 서로에게 더욱 가까워지게 해 주소서. 예수님의 이름으로 기도합니다. 아멘.

1. 주제 구절인 요한복음 3장 16절을 암송해 보라.
2. 지금까지 받았던 최고의 성탄절 선물 혹은 생일 선물은 무엇인가?
3. 올해 성탄절 선물로 받고 싶은 선물이 있다면 무엇인가?
4. 천국은 어떤 곳이라고 생각되는가? 어떻게 생겼는가? 거기에는 누가 있는가?
5. 친구들은 천국을 여기 이 땅에서 받는 선물보다 더 원하는가? 그 이유는 무엇인가? 그렇지 않다면 그 이유는 무엇인가?
6. 맞은 편에 앉은 사람이 3번 문제에서 당신이 원한 선물을 주려고 한다면 어떻게 반응하겠는가? 또한 그가 다른 사람에게도 같은 선물을 기꺼이 주려고 한다면 누구에게 그 선물을 주면 좋겠는가?
7. 예수 그리스도를 믿는 사람은 누구라도 영생의 선물을 값없이 받는다. 이것이 의미하는 바는 무엇이라고 생각하는가? 이 선물에 어떻게 반응하겠는가?

8. 우리는 그 선물을 우리가 아는 모든 이들에게 줄 수 있다. 그 선물을 전하고 싶은 사람은 누구인가?

9. 현재 그리스도인이 아니지만 그리스도인이 되었으면 하는 지인이 있다면 누구인가?

10. 예수 그리스도의 복음과 사랑을 전하기 위해 우리는 어떤 일을 할 수 있는가?(혹은 해 왔는가?)

마무리 기도: 지난 주간 있었던 좋은 일과 힘든 일을 서로 이야기하고 서로를 위해 기도하는 것으로 마무리하라.

지속적인 멘토링을 위한 참고자료

6주간의 멘토링 프로그램 이후에도 여전히 만남을 지속하고 싶다면 좋은 교재가 있다. 바로 워드출판사(Word Publishing)의 「청소년 성경」(The Youth Bible)이다. 이 책은 분노, 낙심, 의심, 마약, 알코올 중독, 친구, 타인에 대한 비판, 또래 압력과 같은 여러 주제들에 대해 함께 읽을 자료가 수록되어 있다. 각 주제별로 십대들이 쓴 경험담과 삽화뿐 아니라 점검에 필요한 여러 성경 본문이 수록되어 있다.

믿음이 삶이 되는 **핵심질문**

1. 생활 속에서 존경하는 사람들은 누구인가?

2. 부모나 조부모, 그 외 다른 노년 세대가 가정생활에 어떤 역할을 해 주고 있는가?

3. 개인적 멘토는 누구이며 영적 멘토는 누구인가?

4. 손주들에게 어떤 역할을 해 주고 싶은가?

5장

가정의 가장 좋은 파트너는 '교회'이다

얼마 전에 아내 마리아는 러닝머신으로 운동을 하면서 잡지 기사를 읽고 있었다. 하루에 30분을 더 아낄 수 있는 방법을 알려 주는 기사였다. 마지막 제안을 보던 아내는 하마터면 넘어질 뻔했다. 한 여성이 자녀들이 교회 주일학교에 있는 동안 할 일을 처리하면 일주일에 2시간을 아낄 수 있다고 자랑스럽게 이야기하고 있었기 때문이다. 그 기사는 오늘날 많은 가정에게 교회는 단순히 '안전한 탁아소' 정도로 인식되는 현실을 잘 지적하고 있었다. 그러나 교회를 세우신 하나님의 뜻은 이것과는 거리가 멀다.

조지 바나가 한 지적은 옳다.

"지역 교회는 차세대 그리스도의 제자들과 교회 지도자들을 기르는 일에 가정의 친밀하고 소중한 파트너가 되어야 한다. 하지만 하나님

이 그 자녀들의 영적 성숙의 일차적 책임을 물으실 대상은 바로 부모들이다."¹

여기서 그가 지적한 내용의 핵심 단어는 내가 보기에 '파트너'이다. 지역 교회가 가정들의 MVP(most valuable partner, 가장 소중한 파트너)가 될 수 있다고 진심으로 믿지만 교회 역시 변화가 필요하다고 확신한다.

교회는 어떤 곳인가

지역 교회가 가정의 소중한 파트너로 더 이상 인식되지 않는 한 가지 이유는 사실 교회와의 문제 때문이 아니다. 오늘날 가정들은 더 이상 교회를 위해 헌신할 시간이 없어 보인다. 불과 몇십 년 전만 해도 교회는 가정생활에 훨씬 더 중요한 역할을 했다. 당시 주일에 가게와 상점들이 문을 닫는 것은 특별한 일이 아니었다. 또한 공립학교에서는 수요일이 '교회의 밤'이라고 해서 숙제를 내 주지 않았다. 그리고 가정들은 교회에 가는 날이면 열일을 제쳐 두고 교회에 갔다.

그러나 오늘날은 '교회의 밤'이라는 개념 자체를 아는 사람조차 거의 없다. 주일 아침은 여느 날과 다름없이 일상 용무로 바쁘다. 설령 그렇지 않다 해도 교회는 이제 가족의 시간을 두고 스포츠 경기나 수많은 여가 활동들과 경쟁한다. 심지어 주일 아침도 예외는 아니다. 사탄은 교회가 세워지기 위한 가장 소중한 자원의 하나가 가정이라는 사실을 잘 알고 있다. 그래서 사람들이 뜻을 같이 하는 그리스도인 공동체와 교제하지 못하도록 온갖 방해공작을 벌인다. 사탄이 사용하는 한 가지 방법은 가정들이 정신없이 바쁘도록 해서 교회에 시간과 관심을 갖지 못하게 하는 것이다. 가정들이 시간을 내지 못하면 당연히 교회와 지속적인 협력 관계를 구축하기 어렵다.

또 다른 문제는 많은 가정들이 지역 교회가 가족 관계에 도움을 줄 자원이라고 인식하지 못하는 것이다. 오늘날 사람들은 텔레비전과 라디오의 정신과 의사, 인터넷, 상담 프로그램, 심지어 약물 치료에 의존해 가정 문제를 해결하려 한다. 교회는 관심의 레이더 상에 아예 존재하지도 않는다.

오랫동안 추악한 이혼 전쟁을 벌이다가 결국 이혼에 이른 가정을 섬긴 적이 있다. 그들은 거의 모든 상황을 소송과 법정 싸움으로 해결했다. 부부 상담을 받기도 했지만 이내 좌절감을 느끼고 포기했다. 으레 그러하듯이 자녀들은 끊임없이 부모의 싸움에 휘말렸다.

그 가정의 십대 딸인 애비가 친구의 권유로 중고등부 예배에 출석하면서 나는 그 가정사에 개입하게 되었다. 애비는 소모임에 참여해 자신의 속내를 털어놓기 시작했다. 내가 그 집의 구체적인 상황을 알게 된 것은 애비가 어느 금요일 밤 교회로 찾아와 대화를 요청하면서부터였다. 애비는 어머니가 전 남편인 아버지와 또 한바탕하고 술에 취해 인사불성 상태로 집에 있다고 말하면서 이럴 때 도무지 어찌해야 할지 모르겠다고 울먹였다. 우리는 어머니에게 전화를 걸어 그날 밤 친구 집에서 자도 된다는 허락을 받았다.

다음 날 나는 애비의 어머니를 만나러 갔다. 그녀는 다소 날카로운 목소리로 나를 맞아 주었다.

"누구시죠? 뭘 원하는 거예요?"

나는 최대한 정중하게 이야기했다.

"저는 마크 목사입니다. 애비는 저희 중고등부 학생인데 제가 잠깐만 어머니와 이야기를 나눌 수 있을까요?"

다소 놀란 듯한 표정으로 애비의 어머니는 "죄송해요. 방문판매원인 줄 알았어요"라고 대답했다. 그녀는 나를 집 안으로 들였고, 잠시 후 나는 애비에게서 힘들었던 부모의 이혼 과정과 어머니의 알코올 문제에 대해 들었다고 말했다. 그리고 혹시 내가 도울 일이 있느냐고 물었다.

황망한 그녀의 얼굴 표정과 눈동자가 모든 것을 말해 주고 있었다. 내 질문에 그녀는 선뜻 답변을 하지 못하고 멈칫거렸다. 나는 그녀의 눈을 바라보며 부드럽게 말했다.

"어머니, 저는 어머니를 판단하거나 설교하러 온 게 아닙니다. 단지 어머니와 자녀들, 심지어 어머니의 전 남편이 하나님께 소중한 존재라는 것을 알려 드리고 싶을 뿐입니다. 그리스도께서 어머님과 이 가정을 얼마나 돕고 싶어 하시는지 전할 기회를 주시면 좋겠습니다."

그러자 애비의 어머니는 왈칵 눈물을 쏟았고, 잠시 후 이렇게 대답했다.

"저도 이런 일을 당하기 전에는 교회를 다녔어요. 하지만 이런 온갖 추한 일을 겪고 나니 교회는 화목하게 가정생활을 꾸려나가는 이들을 위한 곳이고 저 같은 사람은 환영받고 소속될 수 없는 곳이라는 생각이 들더군요."

이날 이후 2년 동안 우리 교회는 이 가정과 교제하며 하나님의 수많은 기적을 목격할 수 있었다. 애비는 지금 기독교대학에 다니며 청소년 사역자가 될 준비를 하고 있다. 그녀의 어머니는 완전히 변화되었고 이제 훌륭한 그리스도인 남자와 재혼해 살고 있다.

애비의 이야기는 해피엔딩으로 끝났다. 하지만 내가 전하고자 하는 핵심은 "가정에 교회가 필요하다"는 공감대가 다시 회복되어야 한다는 것이다. 애비가 아니었더라면 그녀의 어머니는 위기와 어려움 속에서도 절대 지역 교회에 발을 들여놓지 않았을 것이다. 진실이 무엇이건 그녀는 교회가 건강하고 화목한 가정들만 갈 수 있는 곳이라는 오해를 하고 있었다. 교회는 이 틀에 박힌 고정관념을 깨뜨리고 "어떤 가족이든 다 올 수 있습니다"라고 적힌 환영 매트를 깔 필요가 있다.

가정의 파트너로서의 교회의 중요성

우리 문화 속에 존재하는 여러 형태의 가정을 설명한 유에스 투데이 기사를 읽은 적이 있다. 오늘날 딩크족 부부(부부만의 삶을 즐김)는 또 하나의 가족 형태이다. 이 기사에서 확인해 준 가족 형태가 얼마나 되는지 아는가? 무려 28개이다! 이런 각각의 가족 형태에 대해 장단점을 논의할 수 있지만, 한 가지 분명한 사실은 이런 각각의 가족 형태가 성공하기 위해서는 꼭 필요한 것이 있다는 것이다. 바로 '예수님을 가정생활의 중심에 모셔야 한다'는 사실이다.

어디로 가야 이 진리를 배우고 실제적인 효과를 확인할 수 있는가? 대중매체? 공립학교? 불행히도 아니다. 우리는 지역 교회가 필요하다. 조지 바나는 이렇게 말한다.

> "가정의 꼭 필요한 소중한 파트너가 되어 주는 것, 이것이 교회의 역할이다."

"하지만 가정은 지지를 아끼지 않는 공동체(교회)로부터 도움을 받을 수 있다. 특별히 그 공동체가 기독교 신앙에 뿌리박은 공동체, 즉 순수하고 불변하며 언제든지 편안하게 다가갈 수 있고 하나님이 중시하는 가치에 집중하며 사랑과 진리에 기초하는 공동체라면 말이다."[2]

우리 교회는 새신자 반을 인도할 때 가정의 파트너로서 교회의 중요성을 특별히 강조한다. 보통 이렇게 시작한다.

"여러분이 자녀들을 마음대로 맡길 수 있고 그들에게 신앙을 가르쳐 줄 곳을 찾고 있다면 다른 교회를 찾아보셔야 할 것입니다. 우리는 여러분에게 맞는 교회가 아니기 때문입니다."

그리고 이어서 우리 교회는 신앙을 양육하는 가장 일차적 장소는 가정이며 부모들이 가장 중요한 양육자라고 믿는다고 설명한다.

우리 교회는 이에 대한 확고한 신념을 가지고 있다. 동시에 오늘날 대다수 가정이 가정을 자녀의 신앙교육 장소로 삼는 법에 대해 전혀 무지하다는 사실 역시 인정하고 있다. 그래서 우리는 평생의 파트너로 그들과 함께 하며 그들이 예수 그리스도의 사랑을 그 가정의 중심으로 삼도록 훈련하기를 원한다. 오직 이런 노력에 의해서만 건강하고 온전한 가정을 세울 수 있다.

나는 새신자 반에 참석한 사람들에게 이렇게 말한다.

"여러분이 가정에서 기도하는 법을 알고 싶다면 가르쳐 드리겠습니다. 가정 예배를 어떻게 드리는지 알고 싶다면 보여 드리겠습니다. 십대 자녀에게 성교육을 하는데 도움이 필요하다면 도와줄 자료를 드리고 지원하겠습니다. 자녀들의 멘토가 되어 줄 노년 세대가 필요하다면 그분들을 찾도록 도와드리겠습니다."

가정의 꼭 필요한 소중한 파트너가 되어 주는 것, 이것이 교회의 역할이다.

디나와 그녀의 남편은 아홉 살 난, 그리고 태어난 지 몇 개월이 지난 자녀를 둔 부모였다. 디나는 자녀들에게 신앙을 계승하는 부모의 역할에 대한 나의 말에 감동을 받고 그리스도를 자신의 가정과 개인의 중심으로 모시겠다고 결단했다.

어느 날 그녀는 전화를 걸어 둘째의 '헌아식'을 할 시간을 정했다. 그런데 헌아식을 일주일 앞두고 아이는 돌연사증후군(SDIS)으로 사망했다. 너무나 충격적인 소식이었다. 나는 이 일로 고통스러워할 그녀를 위해 기도하기 시작했다. 두 달 후 디나는 내가 인도하는 세례 교육반에 참석했다. 그녀가 간증을 나눌 차례가 되자 모두가 숙연해졌다. 디나는 눈물을 흘리며 침착하게 어린 딸을 잃은 아픔을 털어놓았다. 그리고 그 일로 하나님이 자신에게 얼마나 더 소중한 분이 되었는지 고백했다.

디나는 교회가 함께 해 주었기에 그 고통스러운 나날을 잘 견뎌 낼 수 있었다고 말했다. 그녀와 가족에게 보여 준 교인들의 사랑에 큰 감동을 받았다고 말했다. 그녀는 이 비극이 일어나기 전에 먼저 하나님의 사랑을 알게 된 것에 대해 감사하게 생각했다. 그녀가 누리는 평강의 근원은 하나님이었다. 그녀는 고통과 해결되지 않는 의문에도 불구하고 세례를 받음으로써 하나님이 자신과 가족의 중심 되심을 공개적으로 고백하기를 원했다.

디나가 세례를 받을 때, 교인들은 모두 눈물을 흘렸다. 이후로 2년이 지났다. 하나님은 디나에게 또 다른 자녀를 주셨다. 디나는 여러 차례 이렇게 말했다.

"하나님과 이 교회가 아니었다면 제가 무슨 짓을 저질렀을지 모르겠어요. 그때 여러분은 저와 친분이 없었음에도 불구하고 제 고통을 함께 해 주셨어요. 가장 절박할 때 그리스도의 사랑을 보여 주셨어요."

그리스도는 교회를 통해 다른 어디에서도 얻을 수 없는 선물을 우리와 우리 가정에 주신다고 확신한다. 예수님은 사랑의 팔로 큰 고통을 당한 디나와 그 가정을 감싸 안아 주셨다. 그들은 그리스도의 신부인 교회와 관계를 누렸기에 이런 사랑을 누릴 수 있었다. 사실 어떤 가정이든 고통과 어려움이 있고 주님이 필요하다. 그리스도께서 우리에게 교회를 주신 이유도 이 때문이다. 교회는 불완전한 성도들이 모여 있는 곳이다. 위기를 당할 때 그들은 그리스도를 통해 서로에게 완벽한 위로자가 되어 준다.

가정의 '제 3의 장소'

사도행전에서 교회를 어떻게 묘사하고 있는지 살펴보자.

> "날마다 마음을 같이하여 성전에 모이기를 힘쓰고 집에서 떡을 떼며 기쁨과 순전한 마음으로 음식을 먹고 하나님을 찬미하며 또 온 백성에게 칭송을 받으니 주께서 구원 받는 사람을 날마다 더하게 하시니라"(행 2:46-47).

이 말씀은 교회가 가정에 어떤 역할을 해야 하는지에 대해 잘 보여 준다.

어떤 사람들은 지역 교회가 '제 3의 장소'가 되어야 한다고 말한다. 이게 무슨 말인가? 우리는 매일 특정한 몇 곳에서 대부분의 시간을 보낸다. 특별히 가장 많은 시간을 보내는 곳은 집과 일터로 이곳이 제 1, 제 2의 장소가 된다.

만약 축구장이 가정의 제 3의 장소라면 직장이나 집에 있지 않을 때 당신은 가족과 대부분의 시간을 축구장에서 보낼 것이다. 학교가 가정의 제 3의 장소라면 직장생활과 가정생활 외에 대부분의 시간을 학교 활동으로 보낼 것이다. 교회가 가정의 제 3의 장소라면 가정이 나아갈 방향을 이곳이 결정할 것이다.

그렇다고 내 말을 오해하지는 말라. 스포츠와 같은 과외 활동 역시 자녀의 성장과 발달에 중요하다. 그러나 우선순위로는 교회보다 뒤에 있어야 한다. 그 이유는 무엇인가? 교회는 그리스도의 신부이기 때문이다. 하나님은 교회와 사랑의 관계를 누리도록 우리를 부르신다. 교회를 향한 사랑이 교육이나 운동에 대한 열정보다 더 강하고 뜨거워야 한다. 사도행전에 나오는 초대교회는 공동생활을 하는 사람들의 집단으로 묘사된다. 그들은 함께 먹고 어울렸으며 심지어 어려울 때는 자기 재물을 팔아서 도왔다. 하나님이 그리시는 교회상은 삶을 함께 나누는 그리스도인 공동체, 바로 이런 모습이다. 하나님은 바로 이런 모습 때문에 초대교회 성도들의 수가 계속 더하도록 해 주셨다. 교회가 실제로 가정과 파트너가 되어 가정의 중심에 그리스도를 모시도록 훈련하는 일을 시작한다면, 하나님이 교회의 수와 그 영향력을 증대시켜 주시는 모습을 우리 시대에도 다시 볼 수 있으리라 확신한다. 가정들이 교회에서 필요한 도움을 얻을 때 그 소문이 들불처럼 번져나갈 것이다.

교회에 대한 우리의 태도와 자세를 점검하는데 도움이 되는 또 다른 성경 본문이 있다.

"남편들아 아내 사랑하기를 그리스도께서 교회를 사랑하시고 그 교회를 위하여 자신을 주심 같이 하라 이는 곧 물로 씻어 말씀으로 깨끗하게 하사 거룩하게 하시고 자기 앞에 영광스러운 교회로 세우사 티나 주름 잡힌 것이나 이런 것들이 없이 거룩하고 흠이 없게 하려 하심이라"(엡 5:25-27).

본문에는 교회를 대하는 예수님의 태도가 드러난다. 예수님은 교회를 사랑하시고, 그 사랑은 교회에 대해 가진 긍정적 태도를 분명하게 반영한다. 그런데 우리는 어떠한가?

교회를 어떤 마음으로 다니는가

십대일 때는 주일 오전에 교회 가기가 정말 싫었다. 그냥 잠만 자고 싶었다. 하지만 주일 아침이면 늘 어머니가 "일어나. 마크, 교회 갈 시간이다"라고 큰 소리로 부르며 잠을 깨웠다.

나는 차라리 악몽이기를 바라며 침대에서 뒤척거렸다. 그러나 어머니는 완강했다. 나는 고장 난 레코드처럼 "정말 가야 돼요?"라고 계속 되물었다. 보통 이렇게 반응하면 어머니는 정식으로 성을 붙여 내 이름을 불렀고, 이것은 예외 없이 내가 곤란에 처했다는 뜻이었다. 때로 어머니는 아빠를 불러와야 하느냐고 윽박지르기도 했다. 이 역시 내가 곤란해진다는 뜻이었다. 그러면 나는 어쩔 수 없이 침대에서 빠져나와 교회에 갈 준비를 하기 시작했다.

어느 주일, 나는 어머니 때문에 깜짝 놀랐다. 여느 때처럼 어머니는 "일어나, 교회 갈 시간이다"라고 말하고, 나는 "꼭 가야 돼요?"라고 고집을 부리는 일이 반복되고 있었다. 그러나 이번에는 어머니의 대답이 평소와 달랐다.

"아니, 꼭 그럴 필요는 없어."

나는 내 귀를 의심했다. 어머니가 교회에 억지로 갈 필요가 없다고 말씀하신 것이다!

'어머니 말이 정말 사실일까? 드디어 내가 이 싸움에서 이겼다는 말인가? 정말 하나님이 계신 것은 아닌가?'

하지만 엄마의 마지막 말이 내 생각을 보기 좋게 깨뜨렸다.

"억지로 교회에 갈 필요는 없어. 좋아서 교회에 가야지!"

이 교훈은 내 평생 머리에서 떠나지 않았다. 교회를 대하는 당신의 태도는 어떤가? '억지로 가는' 태도를 보이는가? 아니면 '흔쾌히 가는' 태도를 보이는가? 지역 교회(그리스도의 신부)와 진심어린 관계를 누린다면 교회와 함께 하며 교제하는 일을 기대해야 마땅하다. 교회를 우리 생활의 우선순위로 삼기란 어려운 일이 아니다. 교회와의 교제가 더 건강한 가정으로 만들어 주기 때문이다. 하나님은 인생 여정을 완수하는데 함께 할 파트너로 우리에게 교회를 주셨다. 우리는 교회에서 시간을 보내는 일을 즐거이 받아들여야 한다.

교회를 향한 헌신

에베소서 5장 25-27절을 보면 예수님이 교회를 온전하게 하시기를 얼마나 원하시는지 알 수 있다. 예수님은 교회를 사랑하시기에, 그리고 교회를 정결하고 거룩하게 하시기 위해 자기 목숨을 바치셨다.

그런데 우리는 교회를 위해 우리 자신을 내어드리고 있는가? 아니면 교회가 우리를 위해 스스로를 포기하기를 바라는가? "주의 뜻이 이루어지이다"라는 태도로 교회에 가는가? 아니면 교회가 "내 뜻대로 해야 합니다"라는 태도를 수용해 주기를 요구하며 교회에 가는가?

우리는 매사 개인적 필요를 충족시키는데 몰두하는 세상에서 살아가고 있다. 티셔츠에 적힌 "바로 내가 주인공이야"라는 말은 이런 현실을 잘 드러내고 있다. 솔직히 나는 사람들이 매주 교회에서 선보이는 음악, 메시지, 프로그램을 비판적으로 평가하고 심지어 내가 입은 옷까지 판단하는 데서 동일한 태도를 본다. 많은 사람들이 교회 공동체에 헌신하는 대신 뒷짐 지고 교회를 비판하면서 떠날 기회만을 찾고 있다.

물론 교회가 완벽하지는 않다. 교회가 받는 비판은 어느 면에서 보면 자초한 부분도 적지 않다. 무엇이든 현미경으로 보면 비판할 만한 타당한 이유를 찾아낼 수 있다. 그러나 예수님이 교회를 사랑하셔서 자신을 주신 이유는 교회가 완벽해서가 아니었음을 우리는 기억할 필요가 있다.

가정을 이루는 우리들은 교회에 헌신해야 한다. 적극적으로 사역에 동참하고 사람들과 관계를 구축하며 그리스도의 몸 되신 교회를 섬기는 일에 우리 은사를 활용해야 한다. 이렇게 하면 주님의 축복을 누릴 것이다. 우리는 예배당 뒷줄에 팔짱을 끼고 앉아 있거나 성탄절과 부활절에만 교회에 와서 가정에 유익한 도움만을 얻으리라 기대해서는 안 된다.

예수님은 마태복음 5장 6절에서 "의에 주리고 목마른 자는 복이 있나니 그들이 배부를 것임이요"라고 말씀하셨다. 당신의 가족이 의에 주리고 목마름으로 하나님의 복과 배부름을 누리고 있는가? 그렇다면 우리는 어떻게 하면 의로운 삶을 살 수 있는지 배워야 한다. 먼저 공동체에 동참함으로써 이 일을 할 수 있다. 그 공동체는 바로 '교회'이다. 사람들은 교회에서 '의로운' 삶을 사는 법을 배울 수 있다.

최근에 목회자인 한 친구가 이런 말을 했다.

"우리가 얼마나 의에 주리고 목마른가에 따라 만족감을 누리는 정도가 달라지는 것 같아."

우리는 하나님의 뜻대로 살고자 목말라하는 교회에 적극적으로 연결되고 하나가 되어야 진정으로 하나님을 알 수 있고 그분과 온전한 관계를 누릴 수 있다. 뜻을 함께 하는 그리스도인 공동체의 삶에 참여하는 정도에 따라 가정의 배부름도 달라질 것이다.

> "가정을 이루는 우리들은 적극적으로 사역에 동참하고 사람들과 관계를 구축하며 그리스도의 몸 되신 교회를 섬기는 일에 우리 은사를 활용해야 한다. 이렇게 하면 복을 받을 것이다."

나는 15년간 가정을 대상으로 사역해 오면서 교회를 삶의 제 3의 장소로 만들고자 하는 가정들과 그렇지 않고 세상과 끊임없이 타협하는 가정들을 나누어 관찰하게 되었다. 교회를 분명하게 삶의 제 3의 장소로 삼는 이들은 가정생활에 대한 만족도와 성취도가 훨씬 높았다. 그렇다고 그들의 삶이 더 평탄했다는 뜻은 아니다. 그들 역시 여느 가정들이 겪는 동일한 시련들을 경험했다. 그러나 신앙이 그들 삶에 깊이 뿌리내린 덕에 믿음으로 그 어려움들을 극복해 나갔다. 많은 가정들이 교회와 상관없이 살려고 한다. 하지만 그리스도의 몸을 떠난 삶이 그렇지 않은 삶보다 훨씬 더 고달프고 힘들다.

나는 지역 교회에 실망하고 교회를 떠나기로 결정한 한 사람의 예화를 알고 있다. 새로 부임한 목사가 그의 집을 방문했다. 목사가 자신을 소개하자 그는 바로 이렇게 쏘아붙이듯이 말했다.

"목사님이 왜 우리 집을 찾아오셨는지 압니다. 그러나 단도직입적으로 말씀드리지요. 목사님이 저를 무슨 말로 설득하신다 해도 저는 교회에 돌아가지 않을 겁니다. 교회는 위선자들로 우글거리는 곳입니다. 저는 그런 사람들과 조금도 엮이고 싶지 않습니다."

그러나 목사는 침착하게 "혹 제가 들어가서 차 한 잔 해도 괜찮을까요?"라고 청했다. 그 남자는 문을 열었고, 목사는 집으로 들어가 거실 벽난로 옆에 자리를 잡고 앉았다. 목사는 부젓가락을 집어 불이 타오르고 있는 벽난로에 집어넣더니 장작을 하나 꺼냈다. 그러고는 그 장작을 타고 있는 장작들과 붙지 않게 벽난로 앞에 놓고 자리에 다시 앉아 커피를 마셨다. 두 사람은 그 장작이 맹렬히 타다가 갑자기 불이 약해지더니 연기를 내며 꺼지는 것을 보았다.

커피를 마저 마신 목사님은 다시 자리에서 일어난 후 거의 다 꺼진 장작을 부젓가락으로 집어 다시 벽난로 속에 밀어 넣었다. 그러자 금방 다시 불씨가 되살아나 타기 시작했다. 목사님은 그를 돌아다보며 "커피 맛있었습니다"라고 한 후 그 집을 떠났다.

다음 주일, 그 남자는 교회로 돌아왔다. 교회를 떠나면 하나님과의 관계의 불꽃이 약해지고 결국 꺼지고 만다는 사실을 깨달았던 것이다.

교회와 인생의 여정을 함께 하라

오늘날 가정을 세워 나가기란 쉬운 일이 아니다. 또한 그리스도인으로 살아가는 일도 쉽지 않다. 온 사방에 죄와 유혹이 도사리고 있다. 이런 사실을 감안할 때 기독교 가정을 세우기란 이중적으로 힘들다고 말해도 전혀 틀린 말이 아니다. 교회가 그토록 중요한 이유도 정확히 바로 이런 이유 때문이다. 그리스도인 가정으로서 우리는 함께 웃고 울어 줄 곳이 필요하고, 함께 성장하고 서로에게 배우며 인생 여정을 함께 해 나갈 이들이 필요하다.

나는 저스틴이 지금도 잊히지 않는다. 그는 아주 명민한 십대 소년이었지만 불행하게도 중독의 위험성에 노출되어 있었다. 결국 그는 8학년 때 마약에 손을 대었고 그때부터 롤러코스트를 탄 듯 아찔한 생활을 시작했다. 2년 동안 마약을 끊기도 했지만 소용없었다. 우리 교회는 그를 안타깝게 생각하고 그와 그의 가족에 대한 관심을 놓지 않았다.

고등학교 때 저스틴의 중독 상태는 더욱 심각해져서 법에 저촉되는 일까지 저질렀다. 그래서 결국 강제로 중독 프로그램 시설에 수용되었다. 설상가상으로 그가 치료 시설에 수용되어 있는 12개월 동안 그의 부모가 이혼을 하였다. 나는 저스틴을 격주로 방문하였는데 한 번은 저스틴이 성경책을 달라고 요청했다. 우리 교회는 계속 그를 후원했지만 그는 시설에서 출소하자마자 어머니와 캐나다로 떠났다. 그때 나는 다시는 그를 보지 못할 것이라고 생각했다.

3년 후, 나는 다른 교회에서 사역을 하고 있었다. 어느 날 예배 후에 교인들과 인사를 나누는 중에 놀랍게도 저스틴을 만났다. 그는 어엿한 성인이 되어 있었고 옆에는 임신한 여성이 서 있었다. 그는 나에게 아내를 소개했고, 우리는 함께 점심을 먹으러 갔다. 점심을 먹는 동안 그는 내게 결코 잊지 못할 말을 해 주었다.

"마크 목사님, 제가 마약에 빠져 허우적거릴 때 저를 지지해 주시고 함께 해 주셔서 얼마나 감사했는지 모릅니다. 저는 제 자신을 스스로 포기했지만 목사님과 교회는 저를 한 번도 판단하거나 포기하지 않으셨습니다. 저는 지난 3년 동안 완전히 마약을 끊었고, 감사인사를 드리고 싶어서 이렇게 찾아왔습니다. 목사님이나 교회가 없었더라면 결코 해내지 못했을 것입니다."

나는 이 말을 듣고 눈물이 나는 것을 가까스로 참았다. 바로 이어 저스틴은 이렇게 말했다.

"목사님, 우리 아기의 대부가 되어 주시겠습니까?"

나는 결국 감정을 주체하지 못하고 울고 말았다.

나는 디나와 저스틴처럼 "교회가 없었더라면 어떻게 힘든 상황을 헤쳐나왔을지 모르겠어요"라고 말하는 사람들의 이야기를 얼마든지 소개할 수 있다. 교회가 완벽하지는 않지만, 그리고 슬프게도 불완전한 모습이 뉴스로 등장할 때도 있지만, 나는 하나님이 교회를 어떻게 완전하게 세우시는지를 계속 보아왔다. 교회가 가정의 가장 좋은 친구가 될 수 있다고 믿는 이유가 바로 이 때문이다.

교회를 찾을 때 고려해야 할 점

나는 지구상의 수많은 교회들과 동역할 기회가 있었다. 나는 교회들이 신앙을 세우는 일차적 장소로서 가정을 준비시키는 일에 더 능숙할 수 있도록 도와주었다. 사실 모든 교회가 이 목표에 헌신하고 있다고 말할 수 있으면 좋겠다. 그러나 애석하게도 현실은 그렇지 않다. 어떤 교회들은 여전히 '자녀를 떠맡기는' 식의 사고방식을 조장한다. 심지어 장려하기까지 한다. 이런 교회에 다니는 부모들은 교회를 자발적으로 섬기는 경우가 아니라면 아이들의 신앙 교육에 관심을 끊고 교회가 알아서 해 주기를 원한다.

가정을 위한 올바른 '파트너'를 찾는 일은 매우 중요하다. 가족과 자신을 위해 올바른 교회를 찾고자 할 때 염두에 두어야 할 질문들이 있다.

- 교회와 가정의 관계에 대한 담임목사님의 생각은 어떠한가?
- 부모와 협력하여 자녀들에게 신앙을 전수하는 것을 교회의 사명과 가치의 하나로 수용하고 있는가?
- 교회는 자녀들에게 신앙을 계승하는 일에 어떻게 부모와 협력하며 훈련하고 있는가?
- 마태복음 6장 21절은 "네 보물이 있는 곳에 네 마음도 있다"고 말한다. 교회는 가정 사역에 예산의 어느 정도를 투자하고 있는가?
- 교회의 가정 사역이 성장하고 있는가?
- 삶이 변화된 가정들의 사례를 교회가 소개해 줄 수 있는가?

마지막으로 올바른 교회를 찾을 때 고려해야 할 세 가지를 소개한다.

1. 올바른 교회로 인도해 주시도록 하나님께 기도하라. 그분은 우리에

게 맞는 교회를 알고 계시고 그 교회가 어디인지 알려 주실 것이다.

2. 시간을 가지라. 서두를 필요가 없다. 여러 교회를 살펴보고 결정을 내리라. 대부분의 경우 이렇게 하면 어느 교회가 적절한 지 확인할 수 있다.

3. 하나님이 올바른 교회로 인도해 주시면 그 교회에 헌신하라. 교회는 그리스도의 신부라는 사실을 기억하라. 신성한 결혼 서약을 하듯이 결단하라. 좋을 때나 나쁠 때나 건강할 때나 아플 때나 죽음이 갈라놓을 때까지 교회에 성실하라. '교회 메뚜기'가 되지 말라. "교회가 하는 행동이 마음에 들면 계속 다니고, 마음에 안 들면 떠나겠다"는 식의 태도를 버리라. 초대교회가 가장 크게 성장한 때는 시련과 고난을 당하는 때였다. 기도하는 가운데 하나님이 특정 교회로 인도하셨다는 결심이 서면 하나님이 그 교회를 통해 나와 내 가족을 성장시켜 주실 것을 신뢰하라.

그리스도의 사랑으로 시작하라

이제 책을 마무리할 때가 되었다. 우리는 서문에서 모든 가정에는 역기능적 측면이 있으며 변화가 필요하다는 사실을 인정했다. 1장에서는 이 변화가 가정에서 시작됨을 알아보았고, 가정이 다시 한번 믿음을 양육하는 일차적 장소로 회복되기를 바랐다. 2장에서는 부모들이 가정의 '주교와 사도와 제사장'으로 부름 받았으며 그 책임을 다른 사람들에게 위임할 수 없음을 배웠다. 3장에서는 자녀들의 삶에서 믿음이 갖는 중요성에 대해 살펴보았고, 자녀들에게 신앙을 계승하는 방법에 대해서도 이야기했다. 4장에서는 신앙을 계승하기 위해 조부모들과 노년 세대의 역할이 중요함을 재조명했다. 마지막으로 5장에서는 가정에서 신앙을 계승해 나가도록 훈련하는 교회의 책임에 대해 살펴보았다.

나는 이 책을 시작할 때처럼 마무리하고자 한다. 가정은 믿음을 키우는 가장 중요한 곳이다. 가정이 사탄의 공격에 효과적으로 대처하려면 가족 구성원 각자 그 중심에 그리스도를 모셔야 한다. 이것은 부모 된 우리 마음에 그리스도의 사랑이 있을 때에야 비로소 시작된다. 그리고 그 사랑은 부모가 그리스도와 동행하고 있음을 삶으로 보임으로써 자녀들의 마음에 깊이 뿌리를 내리게 된다. 이렇게 살기란 쉽지는 않다. 그래서 하나님은 우리에게 교회를 주셨다. 삶의 경륜이 쌓인 인생 나그네들이 가득한 기독교 공동체를 주셔서 가정을 위한 안전한 항구가 되도록 해 주셨다.

그렇다. 나는 모든 가정이 성공하기 위해 교회가 꼭 필요하다고 믿는다!

믿음이 시작되는 **핵심포인트**

- 하나님은 지역 교회를 아이들의 탁아소로 세우지 않으셨다.

- 사탄은 교회가 가정을 도울 수 있음을 알기에 우리가 교회 일원이 되기를 원치 않는다.

- 모든 교회가 다 똑같지 않다. 우리는 가정이 믿음을 세우는 가장 중요한 곳이 되도록 훈련시켜 줄 교회를 찾아야 한다.

- 올바른 교회를 찾았다면 전심으로 그 교회에 충성해야 한다. 교회가 가족의 '제 3의 장소'가 되어야 한다.

믿음이 성장하는 **가족활동**

01. 매주 설교말씀 되새기기

어릴 때 우리 중고등부 목사님은 매주 설교 쪽지를 작성하도록 하셨다. 우리가 집중해서 예배를 드릴 수 있도록 매달 설교 쪽지를 제출하게 하셨다. 그것은 어렵거나 복잡하지 않았다. 목사님은 다음 세 개의 질문에 답변하도록 요청하셨다.

1. 오늘 메시지의 핵심 성경 구절은 무엇인가?
2. 오늘 배운 한 가지 교훈은 무엇인가?
3. 이 교훈으로 인해 삶에 어떤 변화가 일어나리라 기대하는가?

위의 질문들에 대한 답을 적어 가지고 다니라. 필요하면 질문에 변화를 주어도 좋다. 하지만 단순해야 한다. 매주 예배를 마치고 집으로 돌아올 때 이 질문들에 차례로 대답해 보라.

02. 영적 은사 발견하기

하나님은 우리들 각각에게 영적 은사를 주신다. 은사를 주시는 이유는 한 가지 때문이다. 교회의 몸을 세우기 위해서이다. 성령의 은사는 하나님이 주시는 특별한 능력이나 자질로, 우리가 주님을 위해 놀라운 일을 할 수 있도록 이끈다.

우리는 어디에서 처음으로 자기 자신에 대해 배우는가? 바로 가정이다. 또한 어디에서 처음으로 무엇인가를 시도해 보는가? 바로 부모와 형제자매, 조부모, 삼촌, 이모의 응원을 받으며 그들 앞에서이다. 서투르지만 처음으로 무엇인가를 시도할 때 누가 우리를 응원해 주는가? 바로 가족이다. 우리는 매일을 이런 식으로 영위해 나간다. 그렇다면 우리가 영적 은사를 처음으로 자각하고, 하나님과 이웃을 섬기는데 사용하는 법을 배우는 곳으로 가정보다 더 좋은 곳이 어디 있겠는가.

그런데 도대체 언제 이런 은사가 드러나는가? 우리 딸이 '행정의 은사'가 있음을 알아차린 때는 채 한 살도 안 되었을 때였다. 딸 옆에 신문을 놓아두었더니 페이지 별로 따로 모아 신문 전체를 왼쪽에 가지런히 놓았다. 그런 다음 다시 그것을 분류해서 페이지 별로 오른쪽으로 옮겨 놓았다. 아이는 태어날 때부터 타고난 조직가였던 것이다. 나는 아주 어린 나이에도 자녀의 영적 은사에 대한 확인이 가능하다고 믿는다. (하나님이 아직 사용되지 않은 은사가 드러나도록 해 주셨는지 확인하기 위해 1, 2년 후에 다시 이 확인 작업을 해 볼 수 있다.)

가족 모두 한 부씩 가지도록 184-185쪽에 있는 표를 복사하라. 그 후 개별적으로 다음 단계를 따르라.

1. 소개된 영적 은사들을 살펴보고 자신에게 있다고 생각되는 은사에 표시하라. 자신이 가족에게 보여 준 은사는 무엇인가?
2. 가족들(부모, 자녀, 조부모 등)을 차례로 적고 그들이 가지고 있다고 생각되는 영적 은사에 표시하라.
3. 각자가 1단계와 2단계를 수행하라.

그런 다음 가족 전체가 다음 단계를 완수하라.

1. 발견한 내용을 서로 나누라. 만장일치로 동의하는 은사가 있는가? 다시 말해서 어떤 한 사람이 가진 은사를 가족 모두가 동의하는가? 특정 은사에 대해 서로의 의견이 다른 경우는 없는가?
2. 모든 가족이 공통으로 가진 은사는 무엇인가?
3. 각자의 은사를 사용해 하나님을 어떻게 섬길지 이야기해 보라.

실천적 은사(Gifts of Acts)	나	이름	이름	이름
행정-다양한 집단을 이해하고 그에 맞는 목표를 설정하는 능력. 계획하고 조직해서 일을 성사시키는 능력	____	____	____	____
예능-손을 이용해 물건을 만드는 능력	____	____	____	____
예술과 공예-손을 이용해 창의적이고 예술적인 일을 할 수 있는 능력	____	____	____	____
격려-위로하고 지지하는 말로 사람들을 돕는 능력	____	____	____	____
리더십-사람들이 주어진 일을 해내도록 동기를 부여하고 이끄는 능력	____	____	____	____
음악(노래)-뛰어난 노래 실력	____	____	____	____
음악(악기)-악기를 뛰어나게 다루는 능력	____	____	____	____

내면적 은사(Gifts of the Heart)				
믿음-어떤 상황에서도 하나님을 굳건히 신뢰하는 능력	____	____	____	____
베풂-자신이 가진 자원으로 남을 돕는 일에 기쁨을 느낌	____	____	____	____

손님 접대-사람들을 집으로 초대하고 섬기는 일에 기쁨을 느낌   ____ ____ ____ ____

자비-상처 입은 사람이나 어려운 사람을 돌볼 수 있는 능력   ____ ____ ____ ____

섬김-공동체나 세상의 필요를 파악해 충족시키는 능력   ____ ____ ____ ____

<u>영감의 은사</u>(Gifts of Inspiration)

기도-누군가를 위해 구체적이고 부지런하게 기도하는데서 기쁨을 누림   ____ ____ ____ ____

가르침-상대방이 이해하기 쉽도록 설명하는 능력   ____ ____ ____ ____

지혜-적절한 조언을 제공하는 능력   ____ ____ ____ ____

글쓰기-생각과 구상을 의미 있는 문장으로 표현해서 사람들에게 영향을 미치는 능력   ____ ____ ____ ____

<u>선포의 은사</u>(Gifts of Proclamation)

분별-옳고 그름, 선과 악, 거짓과 진실을 구분하는 능력   ____ ____ ____ ____

복음 전도-사람들에게 예수를 전하고자 하는 능력과 열정   ____ ____ ____ ____

지식-새로운 진리와 사상과 정보를 발견하는 능력   ____ ____ ____ ____

믿음이 삶이 되는 **핵심질문**

1. 가정과 직장 외에 삶에서 중요한 세 가지 우선순위는 무엇인가? 그 순위가 세월이 흐르면서 어떻게 변하였는가?

2. 어린 시절에 교회는 어떤 역할을 하였는가?

3. 현재 출석하는 교회는 어떻게 다니게 되었는가? 다른 교회에 다닌 경험은 있는가?

4. 본서에서 꼭 기억하고 싶은 내용은 무엇인가? 가장 실제적이었던 제안이나 활동은 무엇이었는가?

주

2장

1 브렌트 헨더슨, Copyright © 1991 Discovery House Music/Knotty Pine Music (ASCAP). Used by Permission.
2 서치연구소는 비영리 비종파 연구 교육 기관으로 응용 조사, 평가, 협의, 훈련, 교육 담당자, 청소년 전문가, 부모, 공동체 리더, 정책 입안자들을 위한 훈련과 출판물 발간으로 아동과 청소년들의 복지와 긍정적 발달을 돕는 기관이다. Copyright © 1990 by Search Institute SM. Used by Permission of Search Institute. No other use is permitted without prior permission from Search Institute, 615 First Avenue NE, Minneapolis, MN 55413; www.search-institute.org.
3 Reprinted with permission from Effective Christian Education: A National Study of Protestant Congregations. Copyright © 1990 by Search Institute SM. Used by Permission of Search Institute. No other use is permitted without prior permission from Search Institute, 615 First Avenue NE, Minneapolis, MN 55413; www.search-institute.org.
4 머조리 톰슨, Family: Forming Center, 개정판(Nashville, TN: Upper Room Books, 1996), 뒤표지.
5 조지 바나, Transforming Children Into Spiritual Champions (Ventura, CA: Regal Books, 2003), p. 81.
6 마틴 루터, 'The Estate of Marriage, 1522,' 월더 브랜드 편집, Luther's Works (Philadelphia, PA: Fortress Press, 1962), p. 46에서 인용.
7 조지 바나, Transforming Children, p. 81.
8 도슨 맥칼리스터, Finding Hope for Your Home (Irving, Texas: Shepherd Ministries, 1996), n.p.

9   마크 데브리즈, Family-Based Youth Ministry (Downers Grove, IL: Inter Varsity Press, 1994), 뒤표지.

3장

1   조지 바나, Transforming Children Into Spiritual Champions (Ventura, CA: Regal Books, 2003), p. 42.
2   서치연구소는 비영리 비종파 교육 연구 기관으로 응용 조사, 평가, 협의, 훈련, 교육 담당자, 청소년 전문가, 부모, 공동체 리더, 정책 입안자들을 위한 훈련과 출판물 발간으로 아동과 청소년들의 복지와 긍정적 발달을 돕는 기관이다. 전화: 1-800-888-7838. www.search-institute.org.
3   서치연구소, "Introduction to Assets," Search Institute Home, 2005. http://www.search-institute.org/assets/(2005년 9월 2일 검색).
4   Copyright 1997 by Search Institute SM. All rights reserved. Reprinted with permission. No other use of this chart is permitted without prior permission from Search Institute, 615 First Avenue NE, Minneapolis, MN 55413; www.search-institute.org.
5   Reprinted with permission. Copyright 1997 by Search Institute SM. All rights reserved. No other use is permitted without prior permission from Search Institute, 615 First Avenue NE, Minneapolis, MN 55413; www.search-institute.org.
6   Reprinted with permission. Copyright 1997 by Search Institute SM. All rights reserved. No other use is permitted without prior permission from Search Institute, 615 First Avenue NE, Minneapolis, MN 55413; www.search-institute.org.
7   Reprinted with permission from Effective Christian Education: A National study of Protestant Congregations. Copyright 1990 by Search

Institute SM. No other use is permitted without prior permission from Search Institute, 615 First Avenue NE, Minneapolis, MN 55413; www.search-institute.org.
8   조지 바나, Transforming Children, p. 78.
9   로날드 마티슨 박사는 메네소타 성바울루터신학교에서 목회와 신학 교수로 재직하고 있다. The Youth and Family 연구소는 비영리 기관으로 가정을 신앙을 가르치고 양육하는 일차적 장소로 인식하고 가정과 교회의 협력 관계를 강조하며 회의, 컨설팅, 트레이닝, 출간물 발행과 실제적 교재 발간으로 목회자와 청소년 교육가, 교회 전문가들을 돕고 있다.
10   로날드 마티슨 박사는 Youth and Family Institute가 후원하는 Child in Our Hands 컨퍼런스를 통해 이 일곱 번의 기회를 공유했다.
11   The Family Blessing에 대한 정보는 Rolf Garborg, 4090-145가, Prior lake, MN 55372로 연락하라. Phone: 612-440-7780.

4장

1   조사 결과는 효과적인 기독교 교육: 개신교 교회 대상 전국 조사의 허락을 받아 게재하였다.

5장

1   조지 바나, Transforming Children Into Spiritual Champions(Ventura, CA: Regal Books), p 83-84
2   상동 p 93-94

신앙을 세우는 자녀양육
믿음은 가정에서 시작된다

초판인쇄 • 2018년 4월 10일
초판발행 • 2018년 4월 20일

지은이 • 마크 홀맨
옮긴이 • 김진선
발행인 • 임용수
대표 • 조애신
책임편집 • 설지원
편집 • 이소정
디자인 • 임은미
마케팅 • 전필영
온라인마케팅 • 고태석
경영지원 • 김정희, 조창성

발행처 • 도서출판 토기장이
주소 • 서울시 마포구 망원로 26 토기장이 B/D 3F
출판등록 • 1990년 10월 11일 제2-18호
대표전화 • (02) 3143-0400
팩스 • (02) 3143-0646
E-mail • tletter@hanmail.net
www.facebook.com/togijangibook

ISBN 978-89-7782-393-8

값 11,000원

"우리는 진흙이요 주는 토기장이시니
우리는 다 주의 손으로 지으신 것이라"
(이사야 64:8)

「이 도서의 국립중앙도서관 출판예정도서목록(CIP)은 서지정보유통지원시스템 홈페이지(http://seoji.nl.go.kr)와 국가자료공동목록시스템(http://www.nl.go.kr/kolisnet)에서 이용하실 수 있습니다.(CIP제어번호: CIP2018010354)」